Königs Erläuterungen und Materialien
Band 308/9

Sprache und Wirklichkeit in Heinrich Bölls Erzählung

Die verlorene Ehre der Katharina Blum

Eine literarische Auseinandersetzung mit dem Sensationsjournalismus

von Gerd Ludwig

C. Bange Verlag - Hollfeld/Ofr.

Herausgegeben von Klaus Bahner, Gerd Eversberg
und Reiner Poppe

9. Auflage 1993
ISBN 3-8044-0388-3

Druck: Beyer-Druck, Langgasse 23, Hollfeld

Inhaltsverzeichnis

1. Einleitung

Mit seiner Erzählung „Die verlorene Ehre der Katharina Blum" knüpft Heinrich Böll im Erzählstil an seinen Roman „Gruppenbild mit Dame" an.[1] Ausgangspunkt ist jeweils eine Frauengestalt, die sich in einer verflochtenen, komplexen Gesellschaft bewegen und zurechtfinden muß. Dazu zeichnet Böll ein Gesellschaftspanorama, das verschiedenartige Charaktere aufweist, Vertreter der Boulevardpresse, Industrielle, Arbeiter, Vertreter der Kirche, der staatlichen Behörden. Im Zentrum seiner Erzählung steht eine junge Frau (Katharina Blum). Durch Zufall wird sie in einen relativ harmlosen Kriminalfall verwickelt, als sie einem von der Polizei bereits überwachten Bundeswehrdeserteur und angeblichen Anarchisten Unterschlupf in ihrer Wohnung gewährt. Gnadenlos wird dieser Sachverhalt von der „ZEITUNG", einem führenden Boulevardblatt, ausgeschlachtet und zur Sensation aufgebauscht. Katharina, die sich ihres guten Rufes beraubt sieht, entgegnet diesem Rufmord mit Gegengewalt: Sie erschießt den für diese ‚Story" verantwortlichen Reporter.

Der Fall wird nun vom Erzähler rekonstruiert und analysiert, und so verschiebt sich der Akzent vom äußeren auf das innere Geschehen.[2]

Motiv wie Titelgestaltung weisen auffallende Ähnlichkeit mit Friedrich Schillers Erzählung „Der Verbrecher aus verlorener Ehre" auf, wo im Vorspann zu lesen ist:

> Wir müssen mit [dem Helden] bekannt werden, eh' er handelt; wir müssen ihn seine Handlung nicht bloß vollbringen sondern auch wollen sehen. An seinen Gedanken liegt uns unendlich mehr als an seinen Tagen, und noch weit mehr an den Quellen seiner Gedanken als an den Folgen jener Taten".[3]

---

[1] Vgl. Rolf Michaelis, *„Der gute Mensch von Gemmelbroich"*, Die Zeit, 2. August 1974, S. 18.

[2] Vgl. ebenda, S. 18

[3] Friedrich Schiller, *Der Verbrecher aus verlorener Ehre*, (Stuttgart 1971)

Die Intention beider Autoren ist nahezu identisch, wenn Böll zu Beginn der Erzählung bekannt gibt: "...Es wird ja noch geklärt werden, warum eine so kluge und fast kühle Person wie die Blum den Mord nicht nur plante, auch ausführte.." (S. 17).

Beide Autoren verweisen auch auf eine außerliterarisch existente Realität. Schiller gibt seiner Erzählung den Untertitel „Eine wahre Geschichte", Böll rückt fiktionale Zeitungsartikel in seinen Text ein, die in ihrer Aufmachung unverkennbare Ähnlichkeiten mit einer bestimmten Art westdeutscher Tagespresse haben.

Das „Verbrechen" des Sonnenwirts in Friedrich Schillers Erzählung wie das der Katharina Blum resultieren aus gesellschaftlichen Zwängen: Der Sonnenwirt, ein von der Natur benachteiligter, in ärmlichen Verhältnissen lebender Mann, versucht, die Liebe eines Mädchens durch Geschenke zu erkaufen. Sein Nebenbuhler überführt ihn dabei der Wilddieberei und veranlaßt so seine langjährige Inhaftierung. Nach seiner Entlassung gemieden, verachtet, verspottet und damit seiner „persönlichen Ehre" beraubt, rächt er sich an der erbarmungslosen Gesellschaft („Die Welt hatte mich ausgeworfen wie einen Verpesteten" Vgl. S. 21, Reclam) durch den Mord an seinem Nebenbuhler.

Auch Katharina Blum begeht einen Mord, um sich an *der* Gesellschaft zu rächen, die zuläßt, daß ihre Ehre von einer gnadenlosen Presse verunglimpft werden darf.

So gilt für Katharina, was schon der Sonnenwirt in Schillers Erzählung ausspricht:

> „Die Zeitrechnung meiner Verbrechen fängt mit dem Urteilsspruch an, der mich auf immer um meine Ehre brachte."
> (S. 24)

Grundlegend unterscheiden sich die beiden Erzählungen in der Beurteilung der Verhaltensweisen der Erzählfiguren durch den Autor. Friedrich Schiller läßt gemäß dem klassischen Harmoniestreben seine Figur die Tat bereuen und darüberhinaus Frieden mit der Gesellschaft schließen, die ihren kriminellen Lebensweg verschuldet hat. Heinrich Bölls „Katharina Blum“ kann und soll auch nicht den Konsens mit der Gesellschaft finden, die die Schuld an ihrer (Kath.) psychisch-moralischen Zerstörung trägt. Nur die Änderung der angesprochenen gesellschaftlichen Zustände lassen eine Bewußtseinsänderung der Betroffenen erwarten.

Das Alltägliche, Banale als Prinzip der Erzähltechnik ist schon in Bölls Roman „Und sagte kein einziges Wort“ zu finden. Der hier ... „durchgängige Kontrastbezug des Reklametextes zur Situation des ...Helden...“[4] findet in der „Katharina Blum“ seine Entsprechung. Hier sind es eingerückte Zeitungstexte, die das Verhalten der Erzählfigur entscheidend beeinflussen.

Thematik ist also ein Kriminalfall, dessen Entstehungsgeschichte vom Erzähler rekonstruiert wird. Die Begleitumstände werden dabei vom Erzähler und einer Boulevardzeitung, der „ZEITUNG“, jeweils verschieden kommentiert. So entsteht ein ständiges Spannungsverhältnis von Sprache und Wirklichkeit, damit ein vielschichtig strukturierter, bisweilen verwirrender Text.

In der folgenden Textuntersuchung (Kap. 3) sollen die jeweiligen Verfahrensweisen der Realitätswiedergabe von Erzähler und ZEITUNG einzeln analysiert werden, um dieses vielschichtige Textgewebe zu entflechten. Die gewonnenen Ergebnisse sollen in Beziehung zueinander gesetzt und damit das Anliegen des Autors herauskristallisiert werden.

2. Die Erzählung im historischen Kontext

Ende der 60er Jahre machte in der BRD eine politische Gruppe von sich reden, die aus den Wirren der „Außerparlamentarischen Oppo-

[4] Marcel Reich-Ranicki, *In Sachen Böll, Ansichten und Einsichten*, (München, 2. Aufl. 1972), S. 185.

sitionsszenerie" hervorgegangen war: Die Baader-Meinhof-Gruppe. Die proklamierten Ziele der „Neuen Linken" waren bis dato, die westdeutsche Gesellschaft in eine sozialistische umzuwandeln auf dem Wege politischer Indoktrination an Schulen und Hochschulen und mittels „Marsches durch die Institutionen". Bei den bestehenden relativ stabilen politisch-wirtschaftlichen Verhältnissen war dieses Unternehmen von vorneherein zum Scheitern verurteilt. Die Aussichtslosigkeit ihrer Aktionen vor Augen beschritt die Gruppe, die sich mittlerweile RAF (Rote-Armee-Fraktion) nannte, kriminelle Wege, was schließlich in Bankraub, Sprengstoffanschlägen mit Todesfolge und gewaltsamer Befreiung inhaftierter Genossen gipfelte. Ihre Aktionen lösten große Unruhe in der Bevölkerung aus, die vor allem von der Springer-Presse zur Hysterisierung der Leser ausgenutzt wurde.

So stand in dicken Lettern am 23. Dezember 1972 auf der Titelseite der Kölner BILD-Ausgabe: „Baader-Meinhof-Bande mordet weiter", nachdem bei einem Bankraub in Kaiserslautern ein Bankbeamter erschossen worden war. Für die Richtigkeit dieser Behauptung lagen keinerlei Beweise vor.

Diesen Artikel nahm Heinrich Böll zum Anlaß, im „Spiegel"[5] eine Stellungnahme abzugeben. Der überaus scharfe Ton seines Beitrages „Will Ulrike Gnade oder freies Geleit?" richtete sich gegen diese Art der Verallgemeinerungen, was nicht mehr" .. kryptofaschistisch, nicht mehr faschistoid, sondern ... nackter Faschismus (ist), Verhetzung, Lüge, Dreck."[6] (Böll) Deutlich weist Böll darauf hin, daß „in jeder Erscheinungsform von Rechtsstaat ... jeder Verdächtige ein Recht [hat], daß, wenn man schon einen bloßen Verdacht publizieren darf, betont wird, daß er nur verdächtigt wird."[7]

Die Reaktion der Rechtspresse blieb nicht aus. Böll wurde beschimpft, verleumdet, als „Opportunistischer Heuchler, ... linker

---

[5] Heinrich Böll, *„Will Ulrike Gnade oder freies Geleit"*, Der Spiegel, Nr. 3, 1972, S. 54 ff.
[6] Heinrich Böll, ebenda, S. 55.
[7] Heinrich Böll, ebenda, S. 55.

Biedermann" (Bayern-Kurier), als „böllernder Schreibtischhelfer" (Kremp, Die Welt),[8] letztlich als Sympathisant anarchistischer Gewalttäter abgestempelt. Die publizistische Kontroverse gipfelte in einer Diffamierungskampagne der „Bild"-Zeitung, die den Schriftsteller mit Goebbels und dem SED-Agitator Karl-Eduard von Schnitzler verglich.[9]

Auch der Staat leistete seinen Beitrag zu dieser Kampagne. Der damalige Bundesinnenminister Genscher ließ das Haus des Schriftstellers in einer „Nacht- und Nebelaktion" umstellen und nach Baader-Meinhof-Leuten in Bölls Haus fahnden.[10]

Auf die Frage der Züricher Weltwoche Anfang 1972, ob „die Vorgänge der vergangenen Wochen eines Tages in einem Roman ihren Niederschlag finden,"[11] antwortete Böll: „'Nein. Allerdings könnte es sein, daß das eine oder andere in verwandelter Form zur Rache verwendet wird. Auch ein Schriftsteller möchte sich gelegentlich mal rächen'."[12]

Zwei Jahre später hat sich Böll auf literarischem Weg gerächt. Unmißverständlich prangert er die journalistischen Praktiken der Sensationspresse an, und er nennt auch Roß und Reiter: „... Ähnlichkeiten mit den Praktiken der BILD-Zeitung ... sind ... weder beabsichtigt noch zufällig, sondern unvermeidlich."[13]

Über die eigenen Erfahrungen hinaus dienten H. Böll die Vorkommnisse um den Professor Peter Brückner, Direktor an der TH Hannover, als Vorbild, „gewisse journalistische Praktiken" zu durchleuch-

---

[8] Tintenfisch 5, Jahrbuch für Literatur, (Wagenbach, Berlin 1972), Stellungnahmen zu H. Bölls Aufsatz „Gewalt durch Information", S. 40.

[9] Vgl. „Der Spiegel", Nr. 31/1974, S. 72, Rubrik: Kultur.

[10] Geschehen am Tag der Festnahme Baaders, des Chefs der Anarchisten, am 1. Juni 1972. Es handelte sich um Bölls Landhaus in der Eifel.

[11] Jürgen P. Wallmann, „Zu Heinrich Bölls Erzählung 'Die verlorene Ehre der Katharina Blum'; *Der Racheakt des Schriftstellers*'", Mannheimer Morgen, 30. Juli 1974.

[12] Ebenda.

[13] Heinrich Böll, *„Die verlorene Ehre der Katharina Blum"*, (Köln, 1974), Vorspann.

ten. P. Brückner war am 20. 1. 1972 von seinem Amt enthoben worden, weil er angeblich Baader-Meinhof-Leuten Unterschlupf gewährt haben sollte. Damit war er heftigen, teilweise diffamierenden Kampagnen der Medien ausgesetzt.

Böll:
Und was ich damit darstellen wollte, ist eigentlich das, was im Zusammenhang mit der Baader-Meinhof-Auseinandersetzung die schreckliche Rolle des Professor Brückner war, ... der in Berührung gekommen ist mit den Baader-Meinhof-Leuten, ... und auf eine Weise zerstört worden ist in seiner psychischen Situation ... da kommt der Einstieg in diese Problematik: ... alle die Leute, die fast wie Aussätzige behandelt worden sind.[14]

3. Das sprachliche Verfahren des Erzählers

3.1. Offenlegung der methodischen Verfahrensweise

Im Verlauf dieses Artikels soll der Einstieg des Erzählers in die Erzählung beschrieben und sein methodisches Vorgehen im weiteren Verlauf des Textes untersucht werden.

Bereits in den ersten der insgesamt 58 relativ knapp erfaßten Kapitel der Erzählung verweist der Erzähler auf seine Erzähltechnik, den Erzählbericht. Ein Erzähler, der diese Art des Erzählens bevorzugt und noch ausdrücklich darauf hinweist, gibt vor, objektiv und in enger Anlehnung an die Realität schreiben zu wollen. Diesen Anspruch sollen die Quellen des Berichterstatters untermauern, „Vernehmungsprotokolle der Polizeibehörde, Rechtsanwalt Dr. Hubert Blorna, ... der Staatsanwalt Peter Hach, der ... die Vernehmungs-

[14] Dieter Zilligen, „Interview Heinrich Böll", in „Bücherjournal", NDR-Fernsehen, 3. Programm, 19. 10. 1974, 20^{15} - 21^{00}.

protokolle, gewisse Maßnahmen der Untersuchungsbehörde und Ergebnisse von Recherchen ... ergänzte," (S. 9) sowie Aussagen und Berichte des Bekanntenkreises von Katharina.

Diese Quellen, so erfährt der Leser in einer knappen Vorausdeutung, sollen gesammelt werden, um allen Faktoren, die das Geschehen auf nur irgendeine Weise beeinflußten oder es zu beeinflussen vermochten, gerecht zu werden. Deshalb kann auch nicht von „Komposition", sondern nur von „Konduktion" (S. 10)[15] gesprochen werden. Zur Verdeutlichung stellt der Erzähler einen Vergleich an: Er erinnert an das Spiel mit Pfützen, jenen trüben Gewässern, die man ... anzapfte, durch Kanäle miteinander verband, leerte, ablenkte, umlenkte, bis ... (man) schließlich das gesamte ... Pfützenwassermaterial in einem Sammelkanal zusammenführte .... (S. 10).

Beinahe klares, „durchsichtiges", durchschaubares Wasser kommt so zum Vorschein, selbst der Grund wird immer deutlicher sichtbar. Auch in Bölls Erzählung soll also einer Sache „auf den Grund gegangen" oder, wie sich der Erzähler ausdrückt, „eine Art Drainage oder Trockenlegung" (S. 11) vorgenommen werden.

Diese umfassende, tief in persönliche Sphären reichende Berichterstattung läßt bei der Konstellation der Beteiligten – Akademiker, Arbeiter, Vertreter der Boulevardpresse, der Industrie, des Klerus und staatlicher Behörden – „Niveauunterschiede und -ausgleiche" (S. 11) auftreten, für die der Erzähler den Leser um Nachsicht bittet. Diese „Niveauunterschiede" sind bedingt durch triviale Momente, die er in sein Werk einbezieht, „triviale Momente, die in unserer bürgerlichen Hochliteratur streng verpönt sind."[16] Nachsicht also für die Art der Verbalisierung der gemeinten „Niveauunterschiede", vielleicht auch für eine in bestimmten Erzählsituationen sich verringernde Distanz des Erzählers zum berichteten Geschehen.

---

[15] Im folgenden werden Seitenangaben, die sich auf Bölls Erzählung „Katharina Blum" beziehen, in Klammern in den Text eingefügt. Textgrundlage ist die 1974 im Verlag Kiepenheuer & Witsch erschienene Erstauflage der Erzählung.

[16] Hanjo Kesting, *„Die Kritiker lassen ihre Tarnkappen fallen"*, Vorwärts, 19. Dezember 1974, darin: Wolfram Schütte, S. 13, Sp. Kultur.

Zurück zum Anliegen des Berichterstatters. Da nicht die Tatsachen, sondern die Entstehung dieser Tatsachen Zentrum der Berichterstattung bilden, werden diese Tatsachen vom Erzähler vorweggenommen. Die Fakten: Eine junge Frau (Katharina Blum) nimmt an einer Tanz-Party teil, am 20. 2. 1974, dem Vorabend vor Weiberfastnacht; genau 4 Tage später, am Sonntagabend, erscheint sie an der Wohnungstür des Kriminalbeamten Moeding mit dem Geständnis, den Reporter Werner Tötges in ihrer Wohnung erschossen zu haben, er möge sie jetzt verhaften.

Der Leser fragt sich, wie es möglich ist, daß diese Frau auf Grund einer dramatischen Zuspitzung von 4 Tagen (dies geht aus Andeutungen des Erzählers hervor) zu einem Mord getrieben wird. Fernerhin stellt sich die Frage, was sich an Dramatischem in der nicht erwähnten Zwischenzeit ereignet habe, wie es möglich sei, daß die Täterin zum Schluß ohne irgendeine Gefühlsregung berichtet, „sie selbst habe sich (nach der Tat) in der Stadt umhergetrieben, um Reue zu finden, habe aber keine Reue gefunden.“ (S. 12) Dabei ist besonders bemerkenswert, daß der Erzähler die Bezeichnungen „Mord“ und „Mörderin“ nicht gebraucht.

An dieser Stelle schaltet sich der Erzähler ein, unterbricht die Bekanntgabe der Fakten und gibt sein Anliegen zu erkennen:

> Es soll hier nicht so viel von Blut gesprochen werden, (..........) und deshalb wird hiermit aufs Fernsehen und aufs Kino verwiesen, auf Grusi- und Musicals einschlägiger Art. (S. 13)

Nicht Mord und Totschlag, bevorzugtes Thema gewisser Massenmedien, nicht also die isolierten Fakten stehen im Zentrum der epischen Betrachtung, auch wenn der Erzähler auf deren Brutalität hinweist, wie zum Beispiel

> ... auf gewisse Farbeffekte, [denn] der erschossene Tötges trug ein improvisiertes Scheichkostüm, ... und jedermann weiß doch, was viel rotes Blut auf viel Weiß anrichten kann; da wird eine Pistole notwendigerweise fast zur Spritzpistole. (S. 13)

Diese niedrige Ebene, das Blutvergießen, also die gemeinten „Farbeffekte" sind von der Presse bereits in epischer Breite geschildert worden („Vergessen sein soll die Aufregung der Presse." (S. 18)), und so gibt der Erzähler sein Anliegen schließlich bekannt:

> Gehen wir von diesem äußerst niedrigen Niveau ... auf höhere Ebenen. Weg mit dem Blut, (S. 18) ... denn es wird ja noch geklärt werden, warum eine so kluge und fast kühle Person wie die Blum den Mord nicht nur plante, auch ausführte ... (S. 17)

Aufgezeigt werden soll, wie es überhaupt zu diesem Geschehen kommen konnte, welche Motive eine unbescholtene Person wie Katharina Blum[17] veranlaßten, eine derartige Tat zu begehen, eben „Wie Gewalt entstehen kann." (Siehe Untertitel)

Wenn der Erzähler im folgenden Kapitel eine erste Schilderung von Charakterzügen der Hauptperson - hier ihren ordentlichen Umgang mit finanziellen Dingen – gibt, so wird ersichtlich, daß das Aufzeigen der Motive ihrer Verhaltensweise in Form einer Rekonstruktion des Geschehens sich abspielen soll. Rekonstruieren wiederum läßt eindeutig auf einen analytischen Anspruch schließen, also eine möglichst umfassende, der Problematik angemessene Analyse des Falles.

Die Erzählform des Berichts, Vorgabe der Fakten, auktorialer,[18] damit distanzierter Erzähler lassen eine weitgehend wertungsfreie sachliche Analyse des Falles erwarten. Das wird nochmals unterstrichen durch die sachliche, beinahe unbeteiligt wirkende Tonart des Erzählers, der im Tonfall eines Diskussionsleiters zur Tagesordnung aufruft: „ Gehen wir von diesem äußerst niedrigen Niveau sofort wieder auf höhere Ebenen." (S. 18)

---

[17] Katharina Blum, die Hauptperson, wird im weiteren Text nur noch mit ihrem Vornamen „Katharina" benannt.

[18] Vgl. Kap. 6.1., Auktorialer Erzähler und Erzählerbericht.

3.2. Überleitung zum Thema

Hier schließt sich eine Ergänzung der Fakten, von Überlegungen des Erzählers kommentiert, an. In etwa derselben Zeitspanne, am Aschermittwoch, wurde im nahen Stadtwald ein Bildjournalist namens Schönner ermordet aufgefunden. Obwohl Ermittlungen eindeutig ergaben, daß Katharina für diese Tat nicht in Frage kam, „... hielt die ZEITUNG hartnäckig an der Version fest, auch Schönner wäre ein Opfer der Blum," (S. 17) zumal die verdächtige Katharina, auf diese Vermutung angesprochen, "... eine ominöse, als Frage verkleidete Antwort [gab]: 'Ja, warum eigentlich nicht den auch?' " (S. 15)

Dieser merkwürdigen Antwort mißt der Erzähler offensichtlich besondere Bedeutung zu, und dem Leser wird an dieser Stelle angedeutet, wer bei der Auffindung der Wahrheit den Widerpart geben wird. Das zeigt sich besonders deutlich, wenn der Erzähler das sensationslüsterne Verhalten der ZEITUNG imitiert: Von irrsinnige(r) Aufregung! Schlagzeilen. Sonderausgaben. Todesanzeigen überdimensionalen Ausmaßes," (S. 16) letztlich von der ... „Überaufmerksamkeit der Presse ..." (S. 17) ist die Rede. Diese parataktische Reihung von Schlagwörtern, unschwer als Persiflage auf eine gewisse Art von Presse zu erkennen, gibt dem Leser einen deutlichen Wink auf die zu erwartende Auseinandersetzung zwischen der Hauptperson Katharina und der Presse.

Noch einmal verzögert der Erzähler den Beginn der beabsichtigten Rekonstruktion, wenn er in Kap. 5 einen Karnevalsfunktionär frohlocken läßt, "... daß beide Taten erst am Montag bzw. Mittwoch bekannt geworden waren." (S. 16) und so wenigstens nicht das Geschäft versaut wurde. Diese hier eingebaute Satire auf einen Vertreter der Geschäftswelt, "... der sich rühmen konnte, den Humor wieder aufgebaut zu haben," (!) (S. 16) übt eine dreifache Funktion aus. Zum einen erteilt der Erzähler einen kräftigen Seitenhieb den Leuten, für die nur das Geschäftliche zählt und denen so der Blick für die Probleme des Mitmenschen fehlt. Diese „Seitenhiebe“ sollen in einem gesonderten Kapitel untersucht werden.[19] Zum anderen wird der Leser über den zeitlichen Hintergrund des Geschehens, den Karneval, informiert. Die im Karneval getragene Verkleidung schließlich weist auf ein Moment der Verschleierung und Täuschung hin, also auf ein die Thematik unterstützendes Motiv.[20] Dafür spricht, daß der Bildjournalist Schönner, der Reporter Tötges wie auch ermittelnde Kriminalbeamte (als Scheiche) verkleidet auftraten.

Der ironische Unterton Bölls ist nicht zu überhören, und hier wie bei der Abwertung der „Überreaktion“ der ZEITUNG auf die beiden Morde klingt persönliche Betroffenheit des Autors an, wenn er urteilt: „Als ob – wenn schon auf der Welt geschossen wird – der Mord an einem Journalisten etwas Besonderes wäre.“ (S. 16)

In den folgenden Kapiteln scheint jedoch wieder der um Sachlichkeit bemühte Erzähler zu dominieren. In ruhigem, sachlich-protokollierendem Ton wird von den „Recherchen über die Aktivitäten der Blum während der fraglichen vier Tage . . .“ (S. 19) berichtet. Lückenlos rekonstruiert werden kann der Zeitraum vom Dienstschluß Katharinas am Mittwochnachmittag, ihre Teilnahme an der Party von Frau Woltersheim, die dortige Bekanntschaft mit dem polizeilich gesuchten Ludwig Götten, den sie in ihre Wohnung mitnahm, bis zum Sturm der Polizei auf ihre Wohnung und ihre Verhaftung.

Gerade hat sich der Leser auf einen jetzt beginnenden umfassenden Bericht der Handlungsfolge eingestellt, da schaltet sich der Erzähler in den Erzählablauf ein:

> An dieser Stelle sollte man etwas über eine höchst umstrittene Frage von [Kommissar] Beizmenne erfahren,“ (S. 24) denn er “. . . *soll* die aufreizend gelassen an ihrer Anrichte lehnende Katharina nämlich gefragt haben: 'Hat er dich denn gefickt?'“ (S. 25)

---

[19] Vgl. Kap. 6.1.1., „Objekte der Kritik“.

[20] Mit den Verschleierungstaktiken der ZEITUNG und dem Agieren anonymer Hintermänner wird der Leser im Verlauf des Textes ständig konfrontiert.

Zum ersten Mal wird die Hauptperson des Erzählers mit verbaler Gewalt konfrontiert, mit einer rohen, gewalttätigen Sprache, hier allerdings seitens der Vertreter der Institution Staat, und die Antwort von Katharina, die (noch)[21] ". . . in stolzem Triumph gesagt haben soll: „Nein, ich würde es nicht so nennen,'" (S. 25) läßt das Innehalten des Erzählers bei dieser Szene verständlich werden.[22] Ihre Antwort bewegt sich auf einer ganz anderen Ebene, und in ihr spiegelt sich die moralische Integrität dieser jungen Frau.

Auch hier scheint der in Erregung geratene Autor zu sprechen. Er vermag sich angesichts der Verrohung, die jetzt eingetreten und der Katharina hilflos ausgesetzt ist, nur durch eine satirische Bemerkung auf einen Vertreter der recherchierenden Ermittlungsbehörden zu äußern. Diesem als „Sexklemmer" bekannten Beamten unterstellt er den heimlichen Gedanken, er hätte ". . . diese Frage [bestimmt] gern gestellt oder die so grob definierte Tätigkeit gern mit ihr ausgeübt . . ." (S. 26)

So bewegt sich Bölls Erzählton zwischen Verehrung und Abscheu.[23] Verehrung Katharinas, die diese Grobheiten gelassen und stolz hinnimmt, Abscheu vor den inhumanen Praktiken ermittelnder staatlicher Behörden, die auf gewalttätige Weise in die persönliche Sphäre eines Individuums eindringen. Daß bei diesen „Niveauunterschieden" jegliches Vertrauensverhältnis zwischen Katharina und dieser gesellschaftlichen Institution schwinden sollte, ist vorauszusehen und wird sich später auch erweisen.

---

21 „Noch" reagiert Katharina auf verbale Gewalt, die man ihr antut, gelassen, ohne sichtbare innere Erregung. Da im Verlauf der Erzählung eine entscheidende Wende im reaktiven Verhalten Katharinas eintreten soll, sei dieses Adverb hier hervorgehoben.

22 Jens Gundlach bezeichnet dieses Verweilen treffend als „seelische Zwischenszenen", in denen sich die Verbundenheit des Autors mit seiner Erzählfigur besonders deutlich zeigt.
Vgl. Jens Gundlach, *„Die Grenze zwischen Literatur und Agitation überschritten"*, Hannov.Allg.Zeitg., 3. August 1974.

23 Vgl. Joachim Kaiser, *„Liebe und Haß der heiligen Katharina"*, Süddeutsche Zeitung, 10. 8. 1974.

Mit dem Bericht über die Vernehmungsprotokolle Katharinas vom Donnerstag, dem 21. 2. 1974 wechselt wiederum die Handlungsebene, und der satirische Exkurs mündet in den chronologischen Erzählablauf ein. Die verhaftete Katharina gibt einen lückenlosen Lebenslauf zu Protokoll, und ihre Angaben verdichten den Eindruck von dem mosaikartig entstehenden Gesamtbild, das der Leser allmählich von ihr bekommt. Einer überaus fleißigen jungen Frau, die ". . . schon sehr früh im Haushalt arbeiten [mußte]," (S. 29) da die Mutter nur von einer kleinen Rente lebte, nachdem der Vater gestorben war, die sich von der Hausgehilfin zur staatlich geprüften Wirtschafterin emporgearbeitet hatte. Wiederum erfährt der Leser von der moralischen Lauterkeit dieser Frau, ihrer Empfindlichkeit, ja Überempfindlichkeit in sexuellen Dingen, wenn sie von der Kündigung ihrer Stellung bei einem angesehenen Arzt berichtet, dessen Zudringlichkeiten sie nicht mochte. (Vgl. S. 30) Diese Überempfindlichkeit bestätigt sich wenig später, denn „es kam zu regelrechten Definitionskontroversen zwischen ihr und den Staatsanwälten . . .," (S. 39) als im Protokoll festgehalten werden sollte, ob nun die Herren auf den Gesellschaften des Dr. Blorna, an denen Katharina bisweilen teilgenommen hatte, „zudringlich" oder „zärtlich" zu ihr geworden seien. Mit Verbissenheit habe sich Katharina gegen die Formulierung „Zärtlichkeit" gewehrt und auf der Formulierung „Zudringlichkeit" bestanden, denn

> der Unterschied sei für sie von entscheidender Bedeutung, und einer der Gründe, warum sie sich von ihrem Mann getrennt habe, hänge damit zusammen; der sei eben nie zärtlich, sondern immer zudringlich gewesen. (S. 40)

Die Biographie der Katharina Blum in Form des Verhörs wird beendet mit der Schilderung hinterhältiger psychologischer Verhörmethoden seitens des Kommissars Beizmenne, der „brutal zu[griff] und sagte: 'Sie kennen den Götten also schon zwei Jahre"." (S. 42) Entsetzt über diese Art der Behandlung verweigert sie zuletzt jegliche Aussage.

In scharfem Kontrast zeichnet der Erzähler die plump-vertraulichen, die Intimsphäre verletzenden Verhörmethoden der Polizei

(„'Wie ist er bloß diese Nacht aus dem Haus herausgekommen, Ihr zärtlicher Ludwig?'" (S. 44) und die hilflose Katharina, die dieser Art von Verhör wenig entgegenzusetzen hat. Immer stärker empfindet der Leser Sympathie und Mitleid für diese Frau, die dem Räderwerk der Polizeibehörde als einer verständnislosen, inhumanen staatlichen Instituion nicht zu entrinnen vermag.

Kontrastiv stehen sich auch die Untersuchungsverfahren von Polizeibehörde und Erzähler gegenüber, was naturgemäß zu verschiedenen Ergebnissen führen muß.

Hier der Erzähler, der sich von vordergründigen Fakten löst und Hintergründe aufzudecken versucht, da der Systemträger, der sich mit vordergründigem Recherchieren begnügt, dabei humane Aspekte außer Acht läßt oder zumindest kaum beachtet. Beispielhaft bestätigt dies Kommissar Beizmenne. Schon sein Name[24] erweckt Assoziationen mit einer ätzenden, übelriechenden Flüssigkeit, die, einmal aufgetragen, eine nicht mehr rückgängig zu machende Färbung verleiht. Großmütig gesteht er der in Fragen der Moral übersensiblen Katharina zu, daß es nicht einmal verwerflich sei," . . . wenn da möglicherweise bei unzudringlichen Zärtlichkeiten gewisse materielle Vorteile heraussprängen," (S. 43) um sie zu Geständnissen über angebliche Herrenbesuche zu bewegen. Eine derart „beizende" Einwirkung muß notwendigerweise auf den „bearbeiteten Gegenstand" abfärben.

Wie ein Kritiker in der „Tat" schreibt, wird „die Relativität irdischer Institutionen wie Justiz und Polizei . . . so anschaulich bloßgelegt."[25]

Das nun folgende Kapitel weist schon auf eine weitere „irdische" Institution und damit auf die zentrale Thematik hin. Aus dem Rat, den der Assistent des Kommissars Katharina erteilt, wird ersichtlich, wer in den folgenden Kapiteln die tragende Rolle spielen soll.

---

24 Vgl. Kapitel 3.4.2. Verwendung von Namensymbolen

25 Horst Naumann, *„Unvermeidliche Parallelen"*, Die Tat, Nr. 48, 30. November 1974.

Moeding rät Katharina: „'. . . Schlagen Sie morgen keine Zeitung auf.'“ (S. 45)

Erneut wechselt Böll die Zeit – und Ortsebene. Berichtet wird, wie der Arbeitgeber, Vertraute und spätere Verteidiger Katharinas, Dr. Hubert Blorna, zur gleichen Zeit von einem Reporter der ZEITUNG aufgesucht, mit der Verhaftung Katharinas und zugleich mit den Recherchiermethoden dieser Art von Reportern konfrontiert wird. Überstürzt bricht das Ehepaar Blorna den eben angetretenen Urlaub ab, nachdem es das erste Exemplar der ZEITUNG in die Hände bekommt, Katharina auf der Titelseite, als „Räuberliebchen“ apostrophiert.

Wiederum erfährt der Leser aus einem Gespräch zwischen Herrn und Frau Blorna von Katharinas typischen Charaktereigenschaften, die, wie beide bestätigen, “. . . ruhig und freundlich, auch planvoll unseren Haushalt leitet [und] . . . uns von dem fünfjährigen Chaos befreit [hat], das unsere Ehe und unsere berufliche Arbeit so belastet hat.“ (S. 52) Je schärfer die Konturen dieser Gegensätze zu Tage treten, desto vernehmlicher wird eine im Autor aufkeimende und auf den Erzähler projezierte Erregung. Das unterscheidet die Haltung des Erzählers zu Beginn der Erzählung, wo er in noch spöttisch-ironischem Ton Betroffenheit zu überspielen versucht. Hier wird ein gradueller Unterschied in der Betroffenheit des Erzählers sichtbar. Der bisher beinahe durchgängig sachliche Ton schlägt ins Bekenntnis um, und die innere Spannung des Erzählers entlädt sich bisweilen in einer direkten Sprache.[26]

Es läßt sich vermuten, daß sich die Erregung des Erzählers in seinen Erzählfiguren widerspiegeln soll. So spricht in diesem Zusammenhang Blorna von diesem . . . Kerl von der ZEITUNG . . .,“ der plötzlich aufgetaucht war und ihn “. . . ohne jede Vorbereitung auf Katharina angequatscht [hatte].“ (S. 46)

---

[26] Vgl. Christian Linder, *„Eine Auseinandersetzung mit der Skandalpresse“*, Kölner Stadtanzeiger, 10. Aug. 1974, S. 4 f.

Diese von Blorna verkörperte Erregung Bölls tritt auch in weiteren Formulierungen zutage, so etwa, als sich dieser fragt: "Aber der Kerl von der ZEITUNG, – sah er wirklich so schmierig aus?" (S. 47) "Und als der Kerl in seinem Porsche wieder [abgefahren war]," (S. 47) ahnt Blorna, was der Erzähler schon weiß:

> Sie machen das Mädchen fertig. Wenn nicht die Polizei, dann die ZEITUNG, und wenn die ZEITUNG die Lust an ihr verliert, dann machens die Leute. (S. 54)

Offensichtlich leidet der Erzähler mit seiner Erzählfigur. Das hat zur Folge, daß subjektive Sprachelemente in die beabsichtigte objektive Berichterstattung miteinfließen. Man gewinnt den Eindruck, daß der Erzähler nicht mehr, wie zu Beginn der Erzählung, versucht, seine „Emotionen zu übertünchen".[27] Und an dieser Stelle wird dem Leser klar, was den Wechsel in der Erzählhaltung bewirkt: Die Behandlung seiner Heldin durch die Vertreter der staatlichen Behörden, durch die ZEITUNG und, als unmittelbare Folge, die Behandlung durch die von der ZEITUNG beeinflußten Leute: Die manipulierte öffentliche Meinung.

So lassen die hier angesprochene Thematik und der darin verwickelte Personenkreis erahnen, daß die literarische Bearbeitung dieses Stoffes eine reine stilistisch-ästhetische Sprachform ausschließt.

Hanjo Kesting schreibt dazu im „Vorwärts":

> Aber durch solche ästhetischen Unreinheiten, die als künstlerische Schwäche auslegen mag wer will, verdichtet Bölls Poesie gerade ihre moralische Verbundenheit mit den alltäglichen Erfahrungen in der wirklichen Gesellschaft, deren Bild er nie ganz, nie rest- oder schlackenlos in 'Kunst' überführt.[28]

---

[27] Christian Linder, Kölner Stadtanzeiger, a.a.O., S. 4.
[28] Hanjo Kesting, VORWÄRTS, a.a.O., S. 13.

3.3. Zusammenfassung

In den ersten 23 Kapiteln ist das Feld abgesteckt, in dem sich Böll bewegt. Deshalb sind diese Kapitel ausführlich und chronologisch beschrieben worden. Bereits im ersten Kapitel legt der Erzähler sein methodisches Vorgehen offen dar. Es soll berichtet, damit objektiviert werden. Dem Bericht zugrunde liegen Vernehmungsprotokolle, Maßnahmen der Untersuchungsbehörde, Ergebnisse von Recherchen seitens des Erzählers wie von amtlicher Seite.

Die Vorgabe der Fakten weist auf die analytische Intention des Erzählers hin. So rücken Geschehnisse in das Blickfeld des Erzählers, die sich vorwiegend im Hintergrund abspielten, dessen Aufhellung von amtlicher wie publizistischer Seite aus noch nicht ersichtlichen Gründen vermieden wurde.

Zentralfigur der Erzählung ist eine junge Frau, ". . . die durch Zufall zum Mittelpunkt der Sensationsmache und Polithetze einer Boulevardzeitung wird." (Umschlagtext) Sie lernt die inhumanen Praktiken von Staatsanwaltschaft, Polizeibehörde und der ZEITUNG in ihrer Funktion als Systemträger kennen. Diesen Institutionen hilflos ausgeliefert, durch den psychischen Terror der ZEITUNG demoralisiert und ihres guten Rufes beraubt, erschießt sie den Reporter, der als Handlanger dieser gewalttätigen Presse sie vermeintlich ihrer Ehre beraubte.

Auf der einen Seite steht also das Opfer, eine überaus hilfsbereite, in ordentlichen Verhältnissen lebende junge Frau, auf der Gegenseite unbarmherzige Institutionen wie Polizei, Staatsanwaltschaft und die ZEITUNG sowie gewisse an exponierter Stelle stehende gesellschaftliche Kreise, die vorwiegend im Hintergrund agieren. Diese Kreise bewahren ihre Anonymität und werden in diesem Bestreben von den Systemträgern offensichtlich unterstützt. So gibt Katharina zu Protokoll, daß sie auf Gesellschaften ihres Arbeitgebers Blorna gelegentlich auch mit Staatsanwalt Hach getanzt habe, "der tatsächlich errötete." (S. 39) "Die Frage, ob auch Hach [wie verschiedene andere Herren] zudringlich geworden sei, wurde nicht gestellt." (S. 39)

Der *inhaltlichen Kontrastierung* entspricht die *Kontrastierung im sprachlichen Bereich,* denn der vorherrschend sachlich-protokollierenden, bisweilen stilisierten Sprache steht die rohe, gewalttätige Sprache der ZEITUNG und der Ermittlungsbehörden gegenüber.

Die Komplexität der hier angesprochenen Fakten und Problemkreise führt notwendigerweise zu „Stockungen", und daraus resultiert eine weitere sprachliche Verfahrensweise des Erzählers: *Er unterbricht den Erzählablauf* der beabsichtigten Rekonstruktion ständig durch *Überlegungen* wie diese, „ob auch der Bildjournalist Schönner . . . ein Opfer der Blum gewesen war," (S. 13f) durch *spöttische Bemerkungen,* so über einen Weinhändler als Vertreter der Geschäftswelt, ". . . der sich rühmen konnte, den Humor wieder aufgebaut zu haben," (S. 16) durch *Wertungen,*" als ob . . . der Mord an einem Journalisten etwas Besonderes wäre, wichtiger etwa als der Mord an einem Bankdirektor . . .," (S. 16) schließlich durch *ergänzende Erklärungen:* „Die Dauer der Vernehmung ließ sich daraus erklären, daß Katharina . . . jede einzelne Formulierung kontrollierte . . ." (S. 39)

Die Einmischungen des Erzählers in den Erzählablauf treten in den folgenden Formulierungen besonders anschaulich zutage: „Gehen wir . . . wieder auf höhere Ebenen." (S. 18) „Man sollte hier nicht vergessen, dem Staatsanwalt . . . Dankbarkeit zu zollen . . ." (S. 23) „An dieser Stelle sollte man . . . erfahren." (S. 24)

aus ihrem Wortlaut ergibt sich auch ihre Funktion im Gefüge des Textes: Hintergründe sollen aufgehellt werden, die bei der bisherigen Beurteilung des Sachverhaltes keine Beachtung gefunden haben bzw. bewußt verschleiert worden sind. Dies wird bestätigt durch eine weitere Verfahrensweise, durch *Anspielungen* und *Vorausdeutungen* des Erzählers, so wenn „die Nebenquellen . . . hier nicht erwähnt zu werden [brauchen], da sich ihre Verstrickung, Verwicklung ... aus dem Bericht selbst ergeben." (S. 10)

So stellt sich dem Leser ein Berichterstatter vor,

> der seine Quellen überschaut und den Gang der Handlung jederzeit so im Griff hat, daß er die sich überschneidenden Handlungsstränge, die Rückblenden in die Lebensläufe der Beteiligten und allgemeine Betrachtungen stimmig zusammenführt ...[29]

Und trotz Einfließen subjektiver Äußerungen in die Berichterstattung festigt sich im Leser der Eindruck, daß der Erzähler letztlich Distanz dem Geschehen gegenüber bewahrt. Aus dieser überlegenen Perspektive heraus kann er selbst *Vergleiche* anstellen. Dies geschieht eindrucksvoll, wenn der Erzähler den in einem Scheichkostüm ermordeten Tötges beschreibt: „Da wird eine Pistole notwendigerweise zur Spritzpistole, (..............), [und so] liegen hier moderne Malerei und Bühnenbild näher als Dränage." (S. 13)

Böll unterbricht also permanent den zeitlichen Ablauf der Geschehensfolge, indem er verweilt, dem Geschehen, das rekonstruiert werden soll, vorgreift (Andeutungen) oder, wie sich im weiteren Verlauf des Textes noch zeigen soll, Rückblenden einstellt.

Diese Unterbrechungen stellen sich dem Leser dar in Form von Überlegungen, Wertungen, Erklärungen, Vor- und Rückgriffen. Erzähltechnisch bedingt ist dadurch der ständige Wechsel der Handlungsebene.

Im folgenden soll untersucht werden, inwieweit Böll den erzählerischen Mitteln, die er durch Offenlegung seines methodischen Vorgehens zu Beginn der Erzählung preisgibt, treu bleibt und ob bzw. wo sich seine Erzählhaltung grundlegend ändert. Beabsichtigt ist

---

[29] Martin H. Ludwig, *„Wie Rufmord entsteht"*, Gemeinsame Zeitung/Katholische Arbeitnehmerbewegung, Dez. 1974, S. 4.

eine kanppe, repräsentative und ergänzende Systematisierung der bereits analysierten Mittel sowie das Aufzeigen von Abweichungen im Erzählstil im weiteren Verlauf des Textes.

3.4. Akzentverschiebung von objektiver zu subjektiver Erzählhaltung

Auch die folgenden Kapitel bewegen sich im Rahmen des Strukturprinzips der Erzählung. Ständig wechselt die Handlungsebene, permanent mischt sich der Erzähler in den Erzählablauf ein, um zu erklären und Zusammenhänge aufzuzeigen. In einer längeren Rückblende berichtet er von den Vernehmungsprotokollen Katharinas, ihrer Tante und weiteren Teilnehmern des verhängnisvollen Hausballs. Der Leser erfährt von nächtlichen Autofahrten Katharinas, die "... manchmal einfach losgefahren [ist], einfach los und drauflos, ohne Ziel," (S. 66) und diese für den Kommissar so verdächtige Handlungsweise erklärt:

> 'Es war wohl auch Angst: ich kenne so viele alleinstehende Frauen, die sich abends vor dem Fernseher betrinken.' (S. 67)

Dieser in melancholischem Ton gehaltene Bericht spricht die Problematik der heutigen Massengesellschaft an, in der der Einzelne vergeblich Geborgenheit sucht. Katharina findet eine Art von Geborgenheit bei nächtlichen Autofahrten:

> Und dann bin ich eben einfach ins Auto gestiegen, habe mir das Radio angemacht und bin losgefahren, immer über Landstraßen, immer im Regen, am liebsten waren mir die Landstraßen mit Bäumen. (S. 67)

Geborgenheit und Schutz hat Katharina in ihrem bisherigen Leben wenig gefunden. So erklärt Frau Woltersheim „Katharinas frühe Ehe als eine Flucht aus dem schrecklichen häuslichen Milieu ..." (S. 87) Diese Geborgenheit konnte sie auch nicht bei ihrem ehemaligen Ehemann finden, der zu ihr "... nie zärtlich, sondern immer zudringlich gewesen [ist]." (S. 40)

Der melancholische Ton dieses Berichtes offenbart die moralische Verbundenheit Bölls mit seiner „Heldin“. Er gewährt dem Leser einen Blick in das Seelenleben Katharinas, erweckt Verständnis und Mitleid für diese junge Frau. Folgerichtig wird die beabsichtigte objektive Berichterstattung von der subjektiven Erzählhaltung des Erzählers überlagert. Diese Akzentverschiebung soll sich auch in den folgenden Kapiteln zeigen.

3.4.1. Kontrastierung und Idealisierung

Die schon in Kapitel 3.3. angesprochene Kontrastierung wird durch die Idealisierung Katharinas noch verstärkt. So erfährt der Leser aus einem Telephongespräch Katharinas mit dem auf der Flucht befindlichen Ludwig Götten von ihrer ehrlichen Liebe zu diesem Mann, mit dem sie “. . . für immer oder wenigstens für lange . . ., am liebsten natürlich ewig . . .[zusammenwäre].“ (S. 77) Diese reine Liebe drückt sich in einem abgewandelten Bibelzitat[30] Katharinas aus: “‘. . . Er war es eben, der da kommen soll. “ (S. 80) Ihre reine Liebe zu diesem Mann macht jeglichen Verdacht auf geheime Verschwörungen zunichte und vervollständigt das Bild dieser bescheidenen, fleißigen und hilfsbereiten Frau, die beim Tode ihrer Mutter im Krankenhaus sogar “. . . fast liebenswürdig [darauf] bestand . . ., sich auch bei den ausländischen Damen Huelva und Puelco für alles zu bedanken, was sie für ihre Mutter getan hatten.[31]“ (S. 146) Ihre Anständigkeit geht gar soweit, daß sie zum eigenen Nachteil den Namen ihres immer wieder abgewiesenen Herrenbesuchs verschweigt, „weil sie ihn nicht der totalen Lächerlichkeit preisgeben [will].“ (S. 86) Es ist dies kein anderer als der angesehene Industrielle Sträubleder. Gäbe er sich als der „ominöse Herrenbesuch“ zu erkennen, wäre Katharina umgehend von dem ohnehin absurden Verdacht der Konspiration mit „Verbrechern“ entlastet. Sträubleder jedoch hält sich im Verborgenen. Zu groß ist die Gefahr, als

[30] Die Bibel, Neues Testament, Lk., 7, 19 f. Johannes läßt fragen: „'Bist du es, der da kommen soll?'“

[31] Vgl. auch S. 13 dieser Arbeit

angesehener verheirateter Geschäftsmann in Öffentlichkeit der Amoralität bezichtigt zu werden und dadurch wirtschaftlich-gesellschaftliche Nachteile in Kauf nehmen zu müssen.

3.4.2. Verwendung von Namensymbolen

Parteinahme des Erzählers für diese Frau und ihre Idealisierung kommen in einem weiteren sprachlichen Mittel zum Ausdruck: Die Verwendung von Namensymbolen, „Katharina“, der Reinen (griech.) und ihrem Freund „Götten“, den sie nahezu wie einen Gott verehrt, tritt als Widersacher dem Reporter „Tötges“ gegenüber, der Katharinas gesellschaftlichen Tod verschuldet hat. Reporter dieser Art verkehren in der „Goldente“, Symbol für sprachmanipulierende und damit Geld machende Journalisten. Reporter, die in „durchaus sachlicher Form“ (S. 83) über den Fall „Katharina Blum“ berichten, die auf strenge Trennung von „facts“ und „opinions“ bedacht sind, arbeiten u.a. für die „Umschau“; ihr Blickfeld reicht über das der „ZEITUNG“ hinaus. Daher berichtet die „Umschau“ nach wohl ausführlichem Recherchieren von den „unglückseligen Verstrickungen einer völlig unbescholtenen Person.“ (S. 83)

Auf der Gegenseite sind auch die Vertreter der Ermittlungsbehörden zu finden. Unbehagen beschleicht den Leser bereits, wenn er ihre Namen ausspricht; so den Namen des Staatsanwaltes, „Hach“, der Polizeiassistent „Zündach“ und „Pletzer“. Zischlaute und „ch“-Laute bewirken von vorneherein dieses Unbehagen. Eine besondere Rolle spielt in dieser Hinsicht der Name des ermittelnden Kommissars, „Beizmenne“. Seine Verhörmethoden färben intensiv auf das Persönlichkeitsbild der Katharina Blum ab.

„Sträubleder“, der erfolglose Liebhaber Katharinas, gesellt sich ebenfalls zur Gegenseite. Energisch „sträubt“ sich der Geschäftspartner Blornas dagegen, in diesen Fall hineingezogen zu werden, obwohl er mit dem ominösen „Herrenbesuch“ identisch ist. Er gehört wie auch der immer im Hintergrund agierende einflußreiche Unternehmer Lüding – Lüding in einem Telephongespräch mit der

Redaktion der ZEITUNG: „'Sofort S. ganz raus, aber B. ganz rein.'" (S. 134) – zu den Leuten, die das Wohnprojekt „Elegant am Strom wohnen" mittragen, die es auch verstehen, sich in gesellschaftlich unangenehmen Situationen „elegant" aus der Affaire zu ziehen.

Wohlklingend dagegen sind die Namen der Bekannten, Verwandten und Wohlgesinnten Katharinas, sympathisch die Träger dieser Namen: Frau „Woltersheim", bei der Katharina trotz widriger Umstände jederzeit Aufnahme, damit ein Heim findet; „Moeding", der Assistent des Kommissars, der selbst als ermittelnder Beamter menschlich bleibt, schließlich die ausländischen Schwestern „Huelva" und „Puelco" die aufopfernd Katharinas Mutter gepflegt hatten.

Immer häufiger auftauchende, die Protokolle und Überlegungen begleitenden ironischen Bemerkungen des Erzählers deuten weiterhin auf eine Akzentverschiebung in der Erzählhaltung hin. So wird die im ersten Kapitel der Erzählung vorgegebene objektive Darstellung des Sachverhalts von subjektiven, emotional-ironischen Äußerungen begleitet.

Diese Akzentverschiebung ist Thema des folgenden Abschnitts.

3.4.3. Ironie und Sarkasmus

Die schon in den Anfangskapiteln angeklungenen ironischen Sprachwendungen treten im Verlauf des Textes immer stärker hervor. Ironisch äußert sich der Erzähler dann, wenn die amtlichen Ermittlungsbehörden in Aktion treten. So wird Katharina erneut zum Verhör geführt, „diesmal durch [die Kriminalbeamtin] Frau Pletzer und einen älteren Beamten, *der nur leicht bewaffnet war.*" (S. 58) „Besorgt" stellt der Erzähler, wenn er dem Leser von den Abhörpraktiken der Ermittlungsbehörde berichtet, fest: ". . . *Man weiß ja nie, wem man wirklich mit so einem Telefongespräch eine Freude macht.*" (S. 79) Um die ermittelnden Behörden der Lächerlichkeit preiszugeben, läßt er sie selbst zu Wort kommen. So hält der Staatsanwalt diesen relativ harmlosen Fall gar für ". . .*einen schweren, wenn nicht den schwersten Fall von Gewaltkriminalität.*" (S. 90) Natürlich hatte man die Schwere des Falles bereits vor der Verhaftung Ludwig Göttens erkannt, und so wurde ein verkleideter Spitzel namens Karl in die Party der Frau Woltersheim eingeschleust, der die ". . . *Benachrichtigung seiner Kollegen per Minifunkgerät*" (S. 98) übernahm. So erschien es den verhörten Partygästen seltsam, ". . .*daß der als Karl eingeführte Scheich auf der Toilette Selbstgespräche geführt habe.*" (S. 90) Der staatliche Ermittlungsapparat bringt den Nachweis seiner Effizienz und überlegenen Strategie, wenn er

> . . . etwa ein Dutzend als Scheichs, Cowboys und Spanier verkleidete Beamte, alle mit Minifunkgeräten ausgestattet, als verkaterte Ballheimkehrer getarnt, (S. 99)

auf Götten ansetzt. Kommissar Beizmenne rechtfertigt später den unangemessenen Aufwand, bei der Verhaftung Göttens einen ". . . *Spezialtrupp in Marsch gesetzt, auf . . . Hochsitze verteilt . . . [und] durch weitere zwei Dutzend Beamte auf die diskreteste Weise verstärkt* . . . [zu haben]." (S. 158) Stolz verkündet er, ". . . *der Innenminister sei voll informiert und mit allen Maßnahmen einverstanden gewesen.*" (S. 158)[32]

Nicht nur die Presse zollt diesem Fall „Überaufmerksamkeit", auch die Vertreter der staatlichen Ermittlungsbehörden. Der Unverhält-

---

[32] Das muß als eine Anspielung Bölls auf die Durchsuchung seines Landhauses in der Eifel verstanden werden. Nach der Veröffentlichung eines Artikels über die Baader-Meinhof-Gruppe im Spiegel Nr. 2/1972 wurde Böll der Konspiration verdächtigt, besonders auf Grund der Agitation der BILD-Zeitung. Der ehemalige Innenminister Genscher billigte dieses Vorgehen.

nismäßigkeit der angewandten Mittel gelten die ironisch-spöttischen Bemerkungen und Kommentare des Erzählers, der hier mit dem Autor identisch zu sein scheint. Der Leser weiß um die Behandlung Katharinas durch Presse und Behörde. So läßt allein die Fragestellung Katharinas, „. . . ob der Staat . . . nichts tun könne, um sie gegen diesen Schmutz zu schützen und ihre verlorene Ehre wiederherzustellen," (S. 81) die bittere Ironie des Autors erkennen. Sie steigert sich zum Sarkasmus, wenn Staatsanwalt Hach Katharina antwortet:

> Beleidigende und möglicherweise verleumderische Details der Berichterstattung könne sie zum Gegenstand einer Privatklage machen (S. 82)

und ihr garantiert, daß die Behörde selbst

> Anzeige gegen Unbekannt erheben und ihr zu ihrem Recht verhelfen [werde], . . . falls . . . es 'undichte Stellen' innerhalb der untersuchenden Behörde gebe. (S. 82)

Katharina soll also eine Privatklage anstrengen gegen eine übermächtige Zeitung, die von anonymen Hintermännern gesteuert, in Millionenauflage verbreitet und von fast allen Leuten gelesen wird. Die Aussichtslosigkeit eines solchen Unterfangens bestätigen die amtlichen Behörden selbst. So wird Frau Woltersheim belehrt, daß es nicht Sache der Polizei sei, "'gewiß verwerfliche Formen des Journalismus strafrechtlich zu verfolgen, [denn] die Pressefreiheit dürfe nicht leichtfertig angetastet werden." (S. 88)

Unverhüllt spiegelt sich Bölls Sarkasmus schließlich in den Worten des jungen Staatsanwaltes Dr. Korten wider, der meinte: ". . . Wer sich nicht in schlechte Gesellschaft begebe oder in solche gerate, [gebe] ja auch der Presse keinerlei Anlaß zu vergröberten Darstellungen . . ." (S. 89)

3.4.4. Satirische Einlagen und groteske Bilder

Die aufgestauten Emotionen des Autors entladen sich zuweilen in Satiren auf bestimmte gesellschaftliche Kreise und die Gesellschaft schlechthin, die derartige Geschehnisse zuläßt oder gar protegiert. So entfaltet Böll im Kapitel 41 das Panorama einer morbiden Gesellschaft. Allein der Umfang dieses Kapitels ($7^1/_2$ Seiten) verrät seinen Stellenwert, während der Inhalt die didaktische Zielsetzung erkennen läßt.

Mißstände wie die Verquickung von Partei- und Berufstätigkeit werden noch konkret angesprochen: „Aber was macht man ... mit Industriellen, (die im Nebenberuf Professor und Parteimanager sind)," (S. 132)[33] Leute, die zur Aufklärung des Falles entscheidend beitragen könnten, es aber um ihrer gesellschaftlichen Position willen nicht tun, selbst nicht dazu gezwungen werden können, „weil sie sozusagen immun sind." (S. 132)

Der Satiriker Böll spricht, wenn von staatlichen Ermittlungsverfahren und -methoden die Rede ist. So gilt sein Bedauern einmal der Psyche der Telephonzapfer, die mit Gewissensnöten behaftet „unter Broterwerbsnotstand" (S. 133) ihre Pflicht erfüllen. Dem "... harmlosen, lediglich sein sauer verdientes Brot erwerbenden Anzapfer[34]..." (S. 134) offenbaren sich gesellschaftliche Verhältnisse, die seinen Glauben an eine intakte Gesellschaftsordnung erschüttern müssen. Von der Brisanz des Falles unterrichtet und über die Wichtigkeit seines Abhördienstes informiert, muß dieser Beamte an den Sorgen von Blornas Geschäftspartner Lüding teilhaben. Lüdings Frau läßt durch die Köchin anfragen,

> ... was Lüding wohl am Sonntag gern zum Nachtisch essen würde: Palatschinken mit Mohn? Erdbeeren mit Eis *und* Sahne oder nur mit Eis oder nur mit Sahne. (S. 135)

So lernt der einfache Mann, dem "... möglicherweise gerade die Tochter durchgebrannt ... oder die Miete mal wieder erhöht worden [ist]," (S. 136) auch einmal die Sorgen der vornehmeren gesellschaftlichen Kreise kennen. Nun mutet man den geplagten Anzapfern noch zu, herauszufinden, „ob mit Palatschinken nicht etwa

---

33 Gemeint ist „Sträubleder", der erfolglose Liebhaber Katharinas.

34 Vgl. dazu Kap. 6.1.1., Objekte der Kritik.

Handgranaten und bei Eis mit Erdbeeren Bomben gemeint sind." (S. 136)

Bölls Empörung über die Unangemessenheit staatlicher (Telephon) Überwachung kommt in der totalen Verzerrung der Realität zum Ausdruck, wenn er fragt: „Ist die psychiatrische Betreuung [der Anzapfer] gewährleistet?" (S. 138) Diese Sorge scheint ihm umso berechtigter, als es sich nicht um eine kleine Spezialtruppe, sondern „um unsere nationalen Tonbandstreitkräfte" (S. 138) handelt.

Offensichtlich sind sich die vorgesetzten Behörden nicht darüber im klaren, "was sie ihren Beamten und Angestellten da psychisch zumuten." (S. 137) (Böll) Auf Anarchistengespräche werden die „bedauernswerten Anzapfer" angesetzt, „und wem werden sie ausgeliefert? Telefonsittenstrolchen," (S. 138) die ihre intimsten Intimitäten telephonisch austauschen.

Der Unverhältnismäßigkeit der vom Staat angewandten Mittel gilt der satirische Spott des Autors, und so läßt sich die Fragestellung nach der Zumutbarkeit erweitern: Was wird dem Bürger dieses Staates da zugemutet?

Darüberhinaus gelten Bölls satirische Hiebe den Institutionen, die für sich in Anspruch nehmen, Interessen des Kleinbürgers zu vertreten oder ihm gar Lebenshilfe zu geben:

> Was sagt die Gewerkschaft Öffentliche Dienste, Transport und Verkehr *dazu*? (........)
> Haben die Kirchen dazu nichts zu sagen. (.....)
> Ahnt denn keiner, was hier unschuldigen Ohren alles zwischen Karamelpudding und härtestem Porno zugemutet wird? (S. 138)

Zwangsläufig führt die Ohnmacht, die der Einzelne angesichts undurchschaubarer Institutionen verspürt, zu aggressivem Verhalten. Das trifft auch auf den Autor zu, der diese aufgestauten Aggressionen auf seine Erzählfigur projiziert:

> „Die Bitterkeit des Berichterstatters, der mit Grimm nachgezeichnet hat, wie die von ihm verehrte Frau der Katastrophe zugetrieben wurde, setzt sich [nun] um in grotesk übertriebene Bilder."[35]

So „schrie" und „brüllte" Blorna nach der Lektüre der Sonntagszeitung,

> suchte in der Küche nach einer leeren Flasche . . .[und] rannte damit in die Garage, wo er zum Glück von seiner Frau . . . daran gehindert wurde, einen regelrechten Molotow-Cocktail zu basteln, den er in die Redaktion der ZEITUNG . . . werfen wollte. (S. 162)

Nicht hindern kann ihn seine Frau hingegen, ". . . asketische Züge zu zeigen, seine Kleidung . . . zu vernachlässigen." (S. 170) Das fällt besonders seinen Kollegen auf, die behaupten, ". . . er betreibe nicht einmal ein Minimum an Körperpflege und beginne zu riechen." (S. 170)

Diese „gesellschaftsfeindlichen Tendenzen" sind auch im Bekanntenkreis Katharinas zu beobachten. So muß Frau Woltersheim sich

> . . . mit Gewalt zurückhalten, um nicht irgend einem Seeger eine Schüssel Kartoffelsalat über den Frack oder irgendeiner Zicke Lachsschnittchen in den Busenausschnitt zu kippen. (S. 176)

In den grotesken Bildern, die überdies Ventilfunktion haben, scheint sich Bölls Wunschdenken zu manifestieren: Die Bereitschaft der Bürger dieses Staates, sich gegen die bestehenden inhumanen gesellschaftlichen Verhältnisse zur Wehr zu setzen.

---

[35] Hans Brender, *„Von der Unzerstörbarkeit der menschlichen Hoffnung"*, Deutsche Volkszeitung, Nr. 35, 29. August 1974, S. 11.

3.4.5. Die Verwendung von umgangssprachlichen und vulgären Redewendungen

Die persönliche Betroffenheit des Schriftstellers läßt vermuten, daß die vom Erzähler vorgegebene objektive Berichterstattung nicht durchgängig eingehalten werden kann. Nicht immer gelingt es ihm, seinen Zorn in satirische Bahnen umzulenken und so zu kanalisieren.

Als Katharina auf Grund der Berichterstattung der ZEITUNG derbe sexuelle Angebote per Telephon erhält, verliert sie ihre Beherrschung: „'Sie verdammte Sau, Sie verdammte feige Sau . . .'“ (S. 104)

Da sie anonyme Anrufe und ähnliche Belästigungen dem für die Story zuständigen Reporter Tötges zu verdanken hat, charakterisiert sie diesen Mann mit den entsprechenden Worten: „Nun, ich sah sofort, welch ein Schwein er war, ein richtiges Schwein.“ (S. 185)

Tötges war zu dem verabredeten Interview in Katharinas Wohnung gekommen und schlug vor, jetzt erst einmal zu „bumsen“. Der aufgestaute Haß und der aus der Anonymität herausgetretene Verfasser dieser gewalttätigen Sprache veranlassen Katharina, mit den Mitteln zu reagieren, die auch der Gegenspieler einsetzt: „'Bumsen, meinetwegen', und ich hab' die Pistole rausgenommen und sofort auf ihn geschossen, [denn] . . . ich dachte: Gut, jetzt bumst's.“ (S. 185f)

Auch Blorna ist entsetzt über “. . . 'diesen Dreck, diesen verfluchten Dreck, der einen über die ganze Welt hin verfolgt.'“ (S. 114f) Als er von der Vermutung seiner Frau hört, daß sein Geschäftspartner Sträubleder der „ominöse“ Herrenbesuch sei, droht er, “. . . er würde ihm – schlicht gesagt – einen 'in die Fresse hauen'.“ (S. 120)

Zu diesem Zeitpunkt sollte noch kein Blut fließen, und so wendet sich Blorna hilfesuchend an Sträubleder: „'Und gegen die ZEITUNG kannst du ihr auch nicht helfen, gegen diese Schweine?'“ (S. 125)

Auch die als besonnen bekannte Frau Blorna verliert nach dem Lesen der SONNTAGSZEITUNG ihre Fassung. Wutentbrannt ruft sie den für gewisse Manipulationen verantwortlichen Lüding an: „'Sie Schwein, Sie elendes Ferkel.'" (S. 163)

Unschwer sind diese vulgärsprachlichen Gefühlsäußerungen als Projektionen des Autors auf seine Figuren zu erkennen. In ihnen kommt sein Zorn offen zum Ausbruch. Die bis dahin hochstilisierte Sprache, als Ausdruck seiner inneren Spannung[36] wird durch diese direkten Ausdrucksweisen überlagert. Sie sind als Reflex auf die gewalttätige Sprache der in der Erzählung angesprochenen Presse zu verstehen. Das Verhalten Katharinas schließlich beweist, daß eine inhumane Sprache negative Verhaltensweisen, hier Gewalt produzieren kann.

3.4.6. Zusammenfassung

Im zweiten Teil der Untersuchung zeichnet sich eine deutliche Akzentverschiebung in der Erzählhaltung des Autors ab. Analog dem Erscheinen der Artikel in der ZEITUNG, deren Inhalte durch Lügen, Verleumdungen und Verdrehungen immer realitätsferner werden, steigern sich Engagement und Betroffenheit des Autors. Dies drückt sich in einer subjektiv gefärbten Erzählhaltung aus. Er idealisiert seine Heldin, u. a. durch eine in melancholischer Tonart gehaltene Schilderung ihres empfindsamen Gefühlslebens. Seine Parteinahme für diese Frau und seine Empörung über Verhaltensweisen der Gegenseite zeigen sich in der Verwendung von Namensymbolen. Der „reinen" Katharina (griech.) stehen der skrupellose Reporter „Tötges" als Handlanger der ZEITUNG und der auf sie eindringende „Beizmenne" als Vertreter der Ermittlungsbehörde gegenüber. Ständig kommentiert er mit ironischen Äußerungen die unangemessene „Überaufmerksamkeit", die die amtlichen Ermittlungsbehörden diesem Fall zollen. Bölls Ironie geht in Sarkasmus über, wenn er

[36] Vgl. Christian Linder, Kölner Stadtanzeiger, a.a.O., S. 4f.

sich der Hilflosigkeit seiner Heldin der ZEITUNG gegenüber bewußt wird. Diese Redeweise legt er Vertretern der ermittelnden Behörden in den Mund, so wenn Staatsanwalt Hach Katharina empfiehlt, gegen die ZEITUNG wegen Verleumdung eine Privatklage zu erheben. Die Gesellschaft, genauer gewisse gesellschaftliche Kreise, die trotz Verstricktheit in diesen Fall ganz andere Probleme haben (Vgl. S. 24, „Palatschinken mit Mohn!"), nimmt der Autor unter die satirische Lupe. Groteske Bilder von der Reaktion der Betroffenen auf das Erscheinen der Zeitungsartikel offenbaren Wunschträume, daß auch der Leser bei gegebenem Fall sich zur Wehr setzen möge. In plumpen, vulgären Sprachwendungen, die er auf seine Figuren projiziert, spiegelt sich schließlich unverhüllt der Zorn des Autors. Hier ist seine Betroffenheit besonders zu spüren, hier identifiziert er sich mit den Betroffenen.

So entsprechen die von Böll angewandten sprachlichen Mittel jeweils dem Grad seiner Betroffenheit.

4. Das sprachliche Verfahren der ZEITUNG

4.1. Die ZEITUNG schaltet sich ein

Im Kapitel 4 wird der Leser mit einer „. . . ominös[n], als Frage verkleidete[n] Antwort" (S. 14) Katharinas konfrontiert, ob sie auch für den Mord an dem Bildjournalisten Adolf Schönner verantwortlich sei, den man in einem nahen Stadtwald ebenfalls erschossen aufgefunden hatte. Darauf habe Katharina erwidert: „'Ja, warum eigentlich nicht den auch?'" (S. 15)

Diese seltsame Antwort muß den Leser befremden, zumal der Erzähler keinerlei Erklärung zu diesem Zeitpunkt gibt. Daß die ZEI-

TUNG sich “. . . ziemlich merkwürdig verhielt, nachdem die beiden Morde an ihren Journalisten bekannt wurden,“ (S. 16) ihre Reaktion in „Irrsinnige[r] Aufregung! Schlagzeilen. Titelblätter. Sonderausgaben. Todesanzeigen überdimensionalen Ausmaßes“ (S. 16) sich auswirkte, erregt jetzt notwendigerweise die Aufmerksamkeit des Lesers. Er ahnt, daß dieses Medium in dem folgenden Bericht eine bedeutende Rolle spielen wird.

Eine jeweils verschiedene Wiedergabe desselben Geschehens wird dem Leser vorgeführt. Hier die Wiedergabe durch den Erzähler, auf der anderen Seite durch die ZEITUNG. Die Verschiedenheit zeigt sich sowohl im sprachlichen als auch im inhaltlichen Bereich. In diesem Kapitel sollen die Verfahrensweisen der ZEITUNG in enger Anlehnung an die jeweiligen Zeitungsartikel untersucht sowie ihre Funktion und Wirkweise in der und auf die Gesellschaft aufgezeigt werden.

Wenn der Leser erfährt, daß „. . . die ZEITUNG [obwohl dies erwiesenermaßen nicht zutraf] selbst hartnäckig an der Version fest[hielt], auch Schönner wäre ein Opfer der Blum,“ (S. 17) so verdichtet sich in ihm jenes ungute Gefühl, das ihn vermutlich schon bei der eigenartigen Antwort Katharinas (Vgl. S. 15) ergriffen hat. Verstärkt wird dies noch, wenn zu Beginn der Rekonstruktion der Assistent des Kommissars nach Beendigung der ersten Vernehmung Katharinas rät: „‘. . . Schlagen Sie morgen keine Zeitung auf!“ (S. 45) wenn schließlich Dr. Blorna, Arbeitgeber und Vertrauter Katharinas, „. . . ohne jede Vorbereitung auf Katharina [von einem „schmierigen Kerl“] angequatscht“ (S. 46) wird. Auf niederträchtige Weise wird Blorna zu einer Aussage über Katharina erpreßt, denn der Reporter stellt ihn vor die Wahl: „. . . Schweigen über ihren Charakter sei in einem solchen Fall . . . eindeutig ein Hinweis auf einen schlechten Charakter.“ (S. 47)

Und so sieht sich der Leser in seiner Ahnung bestätigt: Hier steht ein Individuum, das einer übermächtigen Institution ausgeliefert ist und vermutlich zu ihrem Opfer werden wird.

Die Art und Weise, in der der Erzähler die ZEITUNG in Erscheinung treten läßt, drängt den Vergleich mit einem Schneeball auf, der, einmal in Bewegung geraten, sich unaufhaltsam vergrößert und, zur Lawine geworden, nicht mehr zu bewältigen ist.

4.2. Die ZEITUNG tritt in Aktion

Die Erwartung des Lesers wird auch bestätigt. Mit „Katharina auf der Titelseite. Riesenfoto, Riesenlettern" (S. 48) führt sich die ZEITUNG in das Geschehen ein: „RÄUBERLIEBCHEN KATHARINA BLUM VERWEIGERT AUSSAGE ÜBER HERRENBESUCHE." (S. 48)

Geschickt paßt sie sich dem Leserverhalten des Normallesers an, „. . . der eine Zeitung zunächst nach den 'interesssanten Stellen' absucht."[37] Dazu muß der Fall aufgebauscht, sensationalisiert werden, und so wird aus der bisher noch unbescholtenen Katharina ein „RÄUBERLIEBCHEN" und Ludwig Götten, der Bundeswehrdeserteur, zum gesuchten Banditen und Mörder. (Vgl. S 48) So dienen Personalisierung und Sensationalisierung dazu, Neugierde und Kaufbedürfnis einer bestimmten Leserschaft zu wecken.[38]

Ihr Interesse ist insbesondere dann geweckt, wenn die ZEITUNG von Vermutungen der Polizei berichtet, ". . . daß die Blum schon längere Zeit in die Verschwörung[!] verwickelt ist." (S. 48) Diese vagen Verdachtsmomente weitet die ZEITUNG zu einer Story aus: „War ihre Wohnung ein Konspirationszentrum, ein Bandentreff, ein Waffenumschlagplatz?" (S. 49) „Suggestive Fragestellungen und Kommentaruntermalungen öffnen die Schleusen des Volkszorns,"[39] und so kann sich die ZEITUNG der Zustimmung ihrer Leser gewiß

[37] Hans Dieter Müller, *Der Springer-Konzern* (München 1968), S. 79.

[38] Die Zusammensetzung der angesprochenen Leserschaft und die Anpassung der ZEITUNG an das Leseverhalten dieser Leser soll im weiteren Verlauf der Textanalyse zur Sprache kommen. Vgl. dazu besonders die Kapitel 4.3., 4.4.

[39] Hans Dieter Müller, a.a.O., S. 98.

sein. Personen, die in einen derartigen, wenn auch vagen und absurden Verdacht geraten, verdienen das Attribut „Staatsbürger“ nicht mehr. Von „der Blum“, dem „Räuberliebchen“ ist jetzt die Rede, von dem „Banditen“ Götten.

Leute dieser Art dürfen diskriminiert, verleumdet, ohne festen Anhaltspunkt verdächtigt werden. Rechtfertigung ihres Vorgehens findet die ZEITUNG in ausgesuchten Interviewpartnern. Die Aussage eines Geistlichen, des Pfarrers von Gemmelbroich, muß den biederen, rechtschaffenen Leser entsetzen und seine Emotionen aufstacheln. Der Geistliche hatte ausgesagt: „'Der traue ich alles zu. Der Vater war ein verkappter Kommunist[40] und ihre Mutter, die ich aus Barmherzigkeit . . . als Putzhilfe beschäftigte, hat Meßwein gestohlen und in der Sakristei mit ihren Liebhabern Orgien gefeiert.'“ (S. 49)

Bedenkenlos übernimmt die ZEITUNG dieses verallgemeinernde Urteil, zumal es das Negativ-Bild vervollständigt, das sie ihren Lesern von Katharina vermitteln will. Bei der ideologisch konträren Position von Kommunismus und Katholizismus war ein anderes Urteil auch nicht zu erwarten.

Von diesen gegensätzlichen Positionen ist dem Leser der ZEITUNG wenig bekannt. So muß eine differenzierte Beurteilung des Falles, die ihn in seiner Aufnahmefähigkeit überfordern würde und seine Wißbegier verflachen ließe, einer verallgemeinernden Beurteilung weichen.

---

[40] Es ist auffallend, daß Katharina und ihr Bekanntenkreis von der ZEITUNG permanent als Kommunisten oder Kommunistenfreunde abgestempelt werden. So war Katharinas Vater verkappter Kommunist (s.o.), Frau Blorna in ihrer Studentenzeit angeblich als „Rote Trude“ verrufen; die Mutter von Frau Woltersheim lebt sogar freiwillig (!) in der DDR. Ihr Vater war überdies Mitglied der damaligen KPD (Vgl. S 159-160). Bedenkenlos assoziiert die ZEITUNG das sozialistische Gedankengut mit Verschwörung und Verbrechen.
Böll spricht hier auf den Antikommunismus in der BRD an, der vor allem von der Springer-Presse systematisch geschürt wird. Die gesellschaftspolitische Funktion des Antikommunismus soll im Kapitel 4.4., „Die ZEITUNG offenbart politische Intentionen“ näher untersucht werden.

Wenn Katharinas Mutter Meßwein gestohlen und in der Sakristei Orgien gefeiert hat, (Vgl. S. 49) der Vater sogar (!) verkappter Kommunist war, so muß sich das in den Charaktereigenschaften von Katharina widerspiegeln!!

Folgerichtig gilt für den Leser der ZEITUNG, was diese und ihre zumeist gleichgesinnten Interviewpartner apodiktisch von Katharina behaupten: Eine Frau, der alles zuzutrauen ist!

Um die Konturen dieses Bildes noch schärfer zu zeichnen, muß notwendigerweise überzeichnet werden. Der Pfarrer spricht von Meßwein, den Frau Blum gestohlen haben soll und von Orgien, die in der Sakristei gefeiert worden seien. Später stellt sich heraus, daß sie „. . . tatsächlich einmal in Gesellschaft des inzwischen entlassenen Küsters *eine* Flasche Meßwein in der Sakristei geleert hatte." (S. 65) In dieser Übertreibung offenbart sich ein weiteres Verfahren der ZEITUNG: Kontrastierung! Im sprachlichen Bereich sei hier besonders hervorgehoben der Kontrast: Meßwein – Orgie – Sakristei. (Vgl. S. 49)

4.3. Die ZEITUNG eskaliert publizistische Gewalt

Der bis dato relativ harmlose Sachverhalt wird in der neuen Ausgabe (Samstagausgabe) zur „Story" hochstilisiert:

MÖRDERBRAUT IMMER NOCH VERSTOCKT!
KEIN HINWEIS AUF GÖTTENS VERBLEIB!
POLIZEI IN GROSSALARM. (S. 53)[41]

[41] Die Funktion dieser grammatikalischen Verkürzungen stimmt mit Ergebnissen der Studie über den Springer-Konzern, spez. der BILD-Zeitung auffallend überein. Dort ist auf S. 81 zu lesen: „. . . Die Komplexität eines Sachverhaltes, die in den grammat. Verkürzungen nicht unterzubringen war, mußte durch eine unbekümmerte Entschiedenheit des Urteils ersetzt werden."[43]

Diese in Großbuchstaben optisch verstärkten Schlagzeilen versprechen,

> '. . . Neugier, Sensationshunger und Nervenkitzel einer bei der Lektüre kaum verharrenden Leserschaft permanent zu wecken und zu befriedigen.'[42]

Lüge und Verleumdung finden jetzt Eingang in die Zeitungstexte, wenn Katharina als „Mörderbraut" deklariert wird. Dabei gibt sich die ZEITUNG noch den Anschein der Seriosität:

> 'Der ZEITUNG, stets bemüht, Sie umfassend zu informieren, ist es gelungen, weitere Aussagen zu sammeln, die den Charakter der Blum und ihre undurchsichtige Vergangenheit beleuchten. (S. 54)

Das hindert sie aber keineswegs, aus der wohlweislich durchsichtigen, von Katharina im Verhör lückenlos geschilderten Vergangenheit eine „undurchsichtige" zu machen. Die Wahrheit paßt nicht in ihr Konzept, und so werden Äußerungen der Befragten, die den Zielvorstellungen der ZEITUNG nicht entsprechen, entstellt, verfälscht oder verdreht wiedergegeben. Die Äußerung Blornas, „'Katharina [sei] eine sehr kluge und kühle Person'" (S. 47) wird zu den Negativ-Attributen „eiskalt und berechnend" (S. 48) verfälscht. Auch die Aussage von Katharinas Mutter unterliegt manipulierenden Eingriffen. „'Warum mußte das so enden, warum mußte das so kommen?'" (S. 140/41) fragt entsetzt die schwerkranke Frau Blum den Reporter Tötges, der sich trotz absolutem Interviewverbot in das Krankenhaus eingeschlichen hat. Auch diese Aussage wird für die Tendenz des Berichtes zurechtgeschnitten, und so entsteht aus einer Frage eine Antwort: „'So mußte es ja kommen, so mußte es ja enden.'" (S. 54/55) Durch eine kleine Verdrehung wird so aus einem „Beklagen" ein „Anklagen", und diese Anklage seitens der leiblichen Mutter der „Mörderbraut" muß den Leser von der Schuld dieser Person überzeugen. Total sinnentstellt wird schließlich die Aus-

---

[42] Autorenkollektiv, *Sprachbuch C8,* (Stuttgart, 1974), S. 45.

[43] Hans D. Müller, *der Springer-Konzern,* a.a.O., S. 81.

sage des Studiendirektors Dr. Berthold Hiepertz[44], dem Katharina bisweilen an Wochenenden den Haushalt führte. Er hatte Katharina als „. . . radikal hilfsbereit, planvoll und intelligent" (S. 56) geschildert. Durch die Auslassung des Attributes „hilfsbereit" und eigenmächtige Hinzugabe eines Relativsatzes stellt sich dem Leser jedoch ein gänzlich anderer Sinn dar: „'Eine in jeder Beziehung radikale Person, die uns geschickt getäuscht hat.'" (S. 56)

Diese (manipulierten) Aussagen entstammen dem engen Bekanntenkreis Katharinas, bürgen also für Objektivität und Wahrheitsgehalt. Der Leser der ZEITUNG weiß nichts von den Entstellungen und Verfälschungen, und so stellt sich für ihn die Situation dar: Hier die kaltblütige, herzlose Blum, da die unschuldig in den Fall verwickelten, zu bemitleidenden Beteiligten. Zu ihrem Fürsprecher erhebt sich die ZEITUNG, sie können sich des (geheuchelten) Mitleids der ZEITUNG gewiß sein.

So kommt der „ehemalige Ehemann, der biedere Textilarbeiter Wilhelm Brettloh [zu Wort], von dem die Blum wegen böswilligen Verlassens [!] schuldig geschieden ist." (S. 55) Diesem Mann, der laut Katharina ". . . nie zärtlich, sondern immer zudringlich gewesen [ist]," (S. 40) der von Frau Woltersheim als typischer Schleimscheißer und widerwärtiger Angeber (Vgl. S. 87) charakterisiert wird, gilt das besondere Interesse der ZEITUNG. Er wird von den Zeitungslesern verstanden, denn er spricht ihre Sprache. Die ZEITUNG weiß, daß sie sich nur dann Zugang zur Masse der Arbeitnehmer verschaffen kann, wenn sie sich auf deren Sprachniveau bewegt. So gebraucht sie bewußt Redewendungen aus der Umgangssprache.

Vom „Räuberliebchen", von „der Blum" ist die Rede, von der „ver-

---

[44] Der Reporter fügt die gesellschaftliche Position des Dr. Hiepertz, Altphilologe und Historiker, im Text hinzu, um so die Seriosität der (entstellten) Aussage zu untermauern.

stockten Mörderbraut". Brettloh weiß jetzt genau, „. . . warum sie [ihm] tritschen gegange ist. Das war's also, was da lief." (S. 55)[45]/[46]

Diese Sprache versteht der einfache Leser, und mit dem Sprecher dieser Sprache identifiziert er sich auch, wenn Brettloh schlicht und ergreifend erzählt, daß Katharina ". . . die Zärtlichkeiten eines Mörders und Räubers lieber waren als . . .[seine] unkomplizierte Neigung." (S. 55) Natürlich erfährt der Zeitungsleser nicht, daß sich für Katharina diese „unkomplizierte Zuneigung" in reiner Zudringlichkeit offenbarte und dies letztlich der Grund ihrer Scheidung gewesen ist. Erneut wird die Wirklichkeit verdreht, indem Fakten unterschlagen werden, die nicht dem vorgefertigten Bild der ZEITUNG entsprechen.

Folgerichtig stellt sich der Zeitungsleser auf die Seite des bedauernswerten, völlig gebrochenen ehemaligen Ehemanns (Vgl. S. 57) und empfindet Verachtung und Abscheu vor Katharina, die ihren Mann verlassen hat, weil sie hoch hinaus wollte. (Vgl. S. 55)

In ihrer Meinung bestätigt wird die Leserschaft vollends, wenn selbst nahe Bekannte wie die Vereinsmitglieder Wilhelm Brettlohs sich „. . . mit Grausen von Katharina ab[wandten]." (S. 57)

Indem konsequent Emotionen der Zeitungsleser aufgeheizt werden, verschärft sich immer stärker der Kontrast zwischen der gefühllosen, rücksichtslosen und berechnenden Katharina und dem biederen, redlichen und bescheidenen Arbeiter Wilhelm Brettloh.

---

[45] Der parataktische Satzbau, den Wilhelm Brettloh gebraucht, ist typisch für den sog. restringierten Sprachcode, einer „primitiveren syntaktischen Organisation" in der Sprache, wie sie in der sozialen Unterschicht gesprochen wird.

[46] Die ZEITUNG macht sich Erkenntnisse der Linguistik zueigen, daß „. . . der Anteil der Substantive in der Unterschichtssprache hoch [ist]," was „. . . als Anzeichen einer wenig differenzierten Ausdrucksweise" gedeutet wird. Daher der bewußt häufige Gebrauch von Substantiven: „Räuberliebchen-Aussage-Herrenbesuch-Kein Hinweis auf . . . Verbleib-Polizei-Großalarm!"
Heinrich Roth, *Begabung und Lernen,* (Stuttgart, 5. Aufl. 1970), S. 313.
Heinrich Roth, ebenda, S. 314.

4.4. Die ZEITUNG offenbart politische Intentionen

Die Häufung der letztgenannten Attribute und ihre auffällig positive Bewertung weist auf ein Gesellschaftsbild hin, das die ZEITUNG ihren Lesern vermitteln will und das es, wenn nötig, zu verteidigen gilt. Eine hierarchische Ordnung wird reproduziert, „. . . deren Stufenleiter durch Fleiß und Arbeit zu erklimmen sei."[47]

Diese Absicht spiegelt sich in den von der ZEITUNG zitierten Äußerungen des W. Brettloh wider, wenn er feststellt:

> Unser bescheidenes Glück genügte ihr nicht, (S. 55) auch wir hätten es im Laufe der Jahre zu Eigentum und einem Kleinwagen gebracht, einen Porsche hätte ich dir wohl nie bieten können, nur ein bescheidenes Glück, wie es ein redlicher Arbeitsmann zu bieten hat." (S. 56)

Auf subtile Weise reproduziert und verfestigt die ZEITUNG bestehende gesellschaftliche Verhältnisse. Der einfache Mann hat redlich, bereitwillig und zufrieden mit seinem bescheidenen Glück zu sein. Anpassung an diese Normen und Fleiß garantieren auch ihm den sozialen Aufstieg, was Wilhelm Brettloh den Lesern der ZEITUNG bestätigt: „Auch wir hätten es im Laufe der Jahre zu Eigentum . . . gebracht." (S. 56)

Folglich müssen die Vermögensverhältnisse Katharinas, so wie die ZEITUNG sie darstellt, Verdacht erregen. Ein beständiger Leser der ZEITUNG muß sich wie Wilhelm Brettloh fragen: „Wie kommt ein Dienstmädchen an solche Reichtümer. Ehrlich erworben kann sie's ja nicht haben.'" (S. 55)[48]

Unbefragt bleibt dabei die tatsächlich vorhandene ungleiche Verteilung von Besitz und Vermögen. Zwar läßt die ZEITUNG Brettloh

---

[47] Hans Dieter Müller, *Der Springer-Konzern,* a.a.O., S. 114.

[48] Das fehlende Fragezeichen weist auf den suggestiven Charakter der Fragestellung und scheint die These, die ZEITUNG reproduziere und verteidige eine hierarchische Ordnung (Vgl. S. 40 dieser Arbeit), zu bestätigen.

fragen, wie ein *Dienstmädchen* an solche Reichtümer (Eigentumswohnung!!) komme, (Vgl. S. 55) die sie auf ehrliche Weise wohl nicht erworben haben könne. Ausgespart bleibt die Frage, auf welche Weise Leute vom Schlag eines Sträubleder, Lüding und selbst eines Dr. Blorna vermögend geworden sind. Diese tatsächlich vorhandene ungleiche Verteilung von Besitz und Vermögen wird von der ZEITUNG nicht hinterfragt oder gar in Frage gestellt. Damit wird die Struktur der hier vorgestellten Gesellschaft verschleiert,[49] indem gesellschaftliche Konflikte in die private Sphäre und in die Psyche des Einzelnen verschoben werden.[50]

Das geschieht aus gutem Grund, trägt doch die ZEITUNG als Unternehmen mit Monopolstellung (Katharina Blum: „'Alle Leute, die ich kenne, lesen die ZEITUNG.'" S. 84) in einer kapitalistischen Gesellschaftsordnung beachtlichen Profit davon.

In der Be- und Verurteilung der Verhaltensweisen Katharinas und Wilhelm Brettlohs manifestiert sich die politische Intention der ZEITUNG, die bestehenden gesellschaftlichen Verhältnisse zu verteidigen, vor allem gegen diejenigen, die offensichtlich oder angeblich die Überwindung dieser Gesellschaftsordnung anstreben: Kommunisten und Sozialisten!

Damit wird klar, weshalb Katharina und ihr Bekanntenkreis permanent in die Nähe von Kommunisten gerückt oder selbst als Kommunisten bezeichnet werden. Katharina und ihr ehemaliger Ehemann werden nun Mittel zum Zweck, und der eigentliche Fall bekommt zweitrangige Bedeutung.

Das zeigt sich, wenn die ZEITUNG, vermutlich nach gegebener Formulierungshilfe, Brettloh ". . . den Lesern der ZEITUNG [seinen] Rat

---

49 Diese Feststellung stimmt auffallend überein mit Ergebnissen aus der Analyse politischer Intentionen der BILD-Zeitung. Vgl. dazu H.D. Müller, a.a.O., S. 114.

50 Vgl. Kapitalismus und Pressefreiheit, Am Beispiel Axel Springer, Provokativ, Europäische Verlagsanstalt; im Auftrag des Republikanischen Klubs Berlin, darin: Kajo Heymann, *Springer-Presse, Streik und Arbeiterinteresse*, S. 169.

übermitteln [läßt]: "...". 'So müssen falsche Vorstellungen vom Sozialismus ja enden.'" (S. 55) Eine Gesellschaftsordnung wie der Sozialismus, der den Abbau hierarchischer Ordnungen und die Vergesellschaftung der Produktionsmittel anstrebt, der also die Macht gewisser Kreise beschneiden würde, muß notwendigerweise das Feindbild abgeben.

So stellt die ZEITUNG Wilhelm Brettloh nicht nur als einen biederen Textilarbeiter dar, der „falsche Vorstellungen vom Sozialismus" „weise" zurechtrückt, sondern auch als einen "'. . . redliche[n] Arbeitsmann . . ., der der Gewerkschaft mißtraut.'" (S. 56)

Diese Institution, die die Interessen der Arbeitnehmer vertritt und zugleich Kontrolle über das Kapital ausübt, erweckt ebenso das Mißtrauen der ZEITUNG. Um dieses Mißtrauen auch in ihrer Leserschaft zu wecken, wird sie in einem Satz mit dem Sozialismus genannt, auf dessen „verderblichen Einfluß" der „redliche" Arbeiter Brettloh bereits beispielhaft hingewiesen hat.

Dem Leser der ZEITUNG fällt die Zusammenhanglosigkeit der in Beziehung zueinander gesetzten Sachverhalte – Sozialismus/Gewerkschaften auf der einen, der Fall Katharina Blum auf der anderen Seite – nicht auf. Er assoziiert diese Begriffe mit Amoralität, Radikalität, Verschwörung und Verbrechen, und da auch Wilhelm Brettloh seine zerstörte Ehe den „sozialistischen Umtrieben" Katharinas zu verdanken hat, steht sein Urteil fest.

Damit hat die ZEITUNG ihr Ziel erreicht: Politische Ängste ihrer Leser sind geschürt. Indem sie den Verursacher dieser Ängste (die Sozialisten) lokalisiert, relativiert die ZEITUNG zugleich die provozierten Ängste und richtet die nun entstehenden Aggressionen auf das von ihr geschaffene Feindbild.

So führt die ZEITUNG ihren Lesern eine Wirklichkeit vor, die ihren politischen Vorstellungen entspricht, demzufolge erhalten und vor verändernden Einflüssen abgeschirmt werden muß. Der Fall Katharina Blum ist ihr u.a. Mittel zum Zweck.

Da der Feind jetzt geortet ist, rückt das Ehepaar Blorna in das Zentrum des geweckten Interesses, und so fragt sich die ZEITUNG:

> Welche Rolle spielt die Frau, die einmal als die 'rote Trude' bekannt war, und ihr Mann, der sich gelegentlich als 'links' bezeichnet? (S. 57)

Diese Andeutungen versprechen eine spannende Fortsetzung der Story, was sich in auffälligem Nominalstil zeigt:

> Hochbezahlter Industrieanwalt Dr. Blorna mit Frau Trude vor dem Swimmingpool der Luxusvilla. (S. 57)

Hier werden Besitzverhältnisse in das Blickfeld gerückt, deren Betrachtung zuvor sorgsam vermieden wurde. Das widerspricht jedoch nicht dem Grundkonzept der ZEITUNG, die ungleiche Verteilung von Besitz und Macht zu verschleiern. Ein Ehepaar wie die Blornas, dessen Aktivitäten in der Gesellschaft sich einmal „links" bewegten und bisweilen noch bewegen, hat für die ZEITUNG automatisch das Recht verwirkt, als Zugehöriger einer privilegierten Schicht „gedeckt" werden zu müssen. Wer wie dieses Ehepaar an den Grundfesten dieses Systems zu rütteln wagt, wird als sein Feind dargestellt.

Die geschickt am Ende des Artikels aufgeworfene Frage, welche Rolle die „ROTE TRUDE" in diesem Fall spielt, hält das Interesse des Zeitungslesers wach, obwohl die Thematik ausgeschöpft zu sein scheint.

Treffend scheint hierfür die Feststellung H.D. Müllers über diese Art von Journalismus:

> . . . [ein] Genußmittel, das im Verzehr schon wieder Appetit auf den nächsten Happen „macht", nicht auf Sättigung, sondern auf Reizung der Eßlust bedacht . . .[51]

---

[51] H.D. Müller, a.a.O., S. 79

Zusammenfassung

In den folgenden Ausführungen sollen die Verfahrensweisen der ZEITUNG im sprachlichen und inhaltlichen Bereich sowie deren Verhältnis zur Wirklichkeit abrißartig zusammengefaßt werden. Dieser Zusammenfassung liegen die Analysen der Artikel in der Freitag- und Samstagausgabe zugrunde. Da Böll insgesamt nur drei Artikel der ZEITUNG in die Erzählung einrückt, dürfen die in den ersten beiden Ausgaben verwandten Mittel als repräsentativ gelten.

Der letzte Artikel in der Samstagausgabe ist der umfangreichste und läßt auf eine Zuspitzung schließen. Daher soll die SONNTAGSZEITUNG nach dieser Zusammenfassung betrachtet werden.

4.5. Verfahrensweisen der ZEITUNG

Die Rentabilität einer Boulevardzeitung, hier der ZEITUNG, steigt mit der Höhe der Auflage. Wenn die ZEITUNG von möglichst vielen Leuten gekauft und gelesen werden soll, so muß sie sich konsequent dem Leseverhalten des Normallesers anpassen. Diese Anpassung hat die ZEITUNG im inhaltlichen wie im sprachlichen Bereich vollzogen.

4.5.1. Inhaltliche Verfahrensweisen

Bereits die ersten Schlagzeilen offenbaren die Strategie der ZEITUNG: *Sensationalisierung des Geschehens.* Die Vermutung der Polizei, Katharina gehöre einer anarchistischen Gruppe an, gibt der ZEITUNG die Möglichkeit, das Geschehen *zu einer Story auszuweiten.* Da sie um das schnell erlahmende Interesse ihrer Leserschaft weiß, verwendet sie gezielt *Verleumdungen* und *Übertreibungen,* um das für den Verkaufserfolg wichtige Interesse wachzuhalten.

Katharina wird zur „Mörderbraut“ abgestempelt, die ihren bescheidenen und zufriedenen Ehemann böswillig verlassen hat. Durch *Kontrastierung* erreicht die ZEITUNG Parteinahme des Lesers für den sympathisch dargestellten, bemitleidenswerten Brettloh, in gleichem Maße erzeugt sie Haßgefühle gegen die „skrupellose“ Katharina, was zur *Emotionalisierung* der Leserschaft führen muß. *Aggressionen werden freigesetzt* und zugleich auf ein der ZEITUNG verdächtiges Objekt oder eine Zielgruppe gelenkt. (Kommunisten)

Um Zweifel an der Echtheit ihrer Behauptungen auszuräumen, *zitiert* die ZEITUNG hauptsächlich *Aussagen aus dem Bekanntenkreis* der Katharina Blum. Passen diese Aussagen nicht in das vorgefertigte Bild, werden *die Zitate verdreht, entstellt* oder *total verfälscht.* In der Bewertung der Verhaltensweisen der beteiligten Personen enthüllen sich *gesellschaftspolitische Vorstellungen und Intentionen.* Künstlich wird ein Zusammenhang hergestellt zwischen dem Fall „Blum“ und der sozialistischen Gesellschaftsordnung. Katharina wurde zur Mörderbraut, weil sie mit Kommunisten verkehrte. (!) Die Leserschaft vollzieht die von der ZEITUNG gewünschte Assoziation: Sozialismus = Verbrechertum! So wird ein Freund-Feind-Verhältnis aufgebaut: „Freund gleich kapitalistische Gesellschaftsordnung, Feind gleich sozialistische Gesellschaftsordnung.“[52]

Bewußt werden auf diese Weise *politische Ängste heraufbeschworen,* „aber gleichzeitig . . . auch die Entlastungsmechanismen geliefert.“[53]

Schließlich verletzt die ZEITUNG fortwährend das oberste Gebot der Nachrichtenübermittlung: Die Trennung von „facts und opinions“! Sie *vermischt Fakten mit Meinungen,* spricht von „unumstößlichen Fakten“, (S. 54) die in keiner Weise vorhanden sind, von dem „Banditen“ Götten, von der „undurchsichtigen Vergangenheit“ Katharinas. Stetig vergrößert sich der *Zwiespalt zwischen tat-*

---

[52] H.D. Müller, a.a.O., S. 121.

[53] H.D. Müller, *Der Springer-Konzern,* a.a.O., S. 121.

sächlichem und berichtetem Geschehen; aus dem „Räuberliebchen" wird die „Mörderbraut", aus dem Bundeswehrdeserteur Götten ein Bandit, Räuber und Mörder, die Wohnung Katharinas gar zu einem „Waffenumschlagplatz". Diese Verfahrensweise bringt es mit sich, daß den Lesern das Ordnen, Sichten und Werten der Ereignisse im voraus abgenommen[54] und damit ihre Meinung in dem gewünschten Sinne gesteuert wird. Folgerichtig bleiben eindeutig festzustellende Irrtümer und Falschmeldungen in der Berichterstattung unkorrigiert. Darüber hinaus weiß man um die Wirkungslosigkeit von möglicherweise erzwungenen Gegendarstellungen, und so kann man sich der Wirksamkeit der eigenen Berichterstattung gewiß sein.

4.5.2. Sprachliche Verfahrensweisen

Um bei ihrer Leserschaft anzukommen, paßt sich die ZEITUNG konsequent ihrem Sprach- und Leseverhalten an: *Durch fettgedruckte Schlagzeilen,* die der Normalleser zuerst sucht, erweckt sie das Interesse des Zeitungslesers.

Die Sprache der ZEITUNG bewegt sich beinahe durchgängig *auf dem Sprachniveau der angesprochenen Leserschaft.* Bezeichnend ist die *Verwendung von Schlagwörtern, grammatikalischen Verkürzungen* (Mörderbraut verstockt!), *einfachem, parataktischem Satzbau* („Die Blum erhielt regelmäßig Herrenbesuch. War ihre Wohnung ein . . . . Waffenumschlagplatz? Wie kam . . . sie . . . an eine Eigentumswohnung? War sie an der Beute . . . beteiligt? Polizei ermittelt weiter."), *Nominalstil* (Mörderbraut – Kein Hinweis auf G's Verbleib – Großalarm), sowie der *Gebrauch umgangssprachlicher Redewendungen.*[55]

---

[54] Vgl. ebenda, S. 121.

[55] Das kursiv Gesetzte gilt als Hervorhebung von mir.

Diese konkrete Sprache spricht den Leser der ZEITUNG an. Sie erleichtert ihm das Verständnis, denn es ist seine Sprache. Besondere Wirkung muß sie naturgemäß dann erzielen, wenn ein Zeitungsleser selbst zu Wort kommt. So bietet sich der ZEITUNG der Arbeiter Brettloh geradezu an, durch ihn ihren Lesern die angestrebte Bewußtseinslage vermitteln zu lassen. Brettloh wird verstanden, wenn er feststellt: „Jetzt . . . weiß ich endlich, warum sie mir tritschen gegangen ist. Warum sie mich sitzengelassen hat. DAS war's also, was da lief." (S. 55) Bereitwillig nimmt er den gutgemeinten Rat Brettlohs an, sich zu hüten vor sozialistischen Ideen, die das Zusammenleben zweier Menschen zerstören.

4.6. Die Sonntagsausgabe der ZEITUNG

Im Kapitel 36 stellt der Erzähler vorwegnehmend fest,

> . . . daß alles, was dann in der SONNTAGS-ZEITUNG stand, wenn nicht auslösend, so doch keineswegs beruhigend [auf Katharina] gewirkt haben kann. (S. 108)

Der dreiseitige Umfang dieser letzten Berichterstattung über den Fall „Katharina Blum" scheint diese Bemerkung über die Bedeutsamkeit des Artikels zu bestätigen. Bereits die Aufmachung deutet auf eine Eskalation hin:

> Noch einmal die Villa von Blornas. Katharinas Mutter als etwa Vierzigjährige, . . . fast verkommen wirkend vor dem winzigen Häuschen in Gemmelbroich, . . . schließlich ein Photo des Krankenhauses, in dem Katharinas Mutter . . . gestorben war. (S. 154)

Diese „raffinierte" Kontrastierung – hier die vornehme Villa des in linken Kreisen verkehrenden Blorna, dessen „. . . Verhältnis zur Blum . . . als sehr vertraut, fast vertraulich bezeichnet [wird],"

(S. 157) da die „ziemlich vergrämte Mutter", die vereinsamt im Krankenhaus gestorben ist – verweist bereits auf die Appellstruktur von Bild und Text. Deshalb entfaltet die ZEITUNG noch einmal ihr psychologisches Repertoire, um die Meinung ihrer Leserschaft intentionsgemäß zu steuern.

Katharinas Mutter wird ". . . als erstes nachweisbares Opfer" (S. 155) ihrer Tochter beklagt, die beim Tod ihrer Mutter keine Träne vergoß.

Kaltblütig werden Sachverhalte erneut verdreht, um Katharina Blums Namen in den Schmutz zu ziehen. Der Zeitungsleser erfährt nichts davon, daß Katharina beim Tode ihrer Mutter tatsächlich weinte, ". . . erst leise, dann heftiger, schließlich hemmungslos." (S. 146)

Er weiß auch nicht, daß der Reporter Tötges als Handwerker verkleidet sich in das Krankenhaus eingeschlichen und trotz Verbot ein Interview mit der gerade operierten Frau erschlichen hat. Ihre Genesung war aber laut Dr. Heinen ". . . geradezu davon abhängig, . . ., daß sie keinerlei Aufregungen ausgesetzt werde und ein Interview nicht in Frage käme." (S. 140)

So wurde Frau Blum tatsächlich das erste „nachweisbare Opfer" der Recherchiermethoden des findigen Reporters. Lüge, Verleumdung und Verdrehung der Tatsachen konstituieren weiterhin den ganzen Artikel: „Immer noch ungeklärt: ihr rascher Aufstieg und ihre hohen Einkünfte," (S. 155) obwohl

> . . . alle Steuererklärungen . . . genauestens geprüft und durch einen Bilanzfachmann durchgesehen worden [waren], der nirgendwo eine 'versteckte größere Summe' hatte ausfindig machen können." (S. 61)

Aussagen angesehener Personen verleihen den Behauptungen der ZEITUNG besonderes Gewicht. Die Frau eine angesehenen Landarztes sagt aus: '„Sie hatte so eine richtige nuttige Art. Ich mußte sie entlassen . . . um des Ansehens meines Mannes willen." (S. 155)

Auch hier eine vollständige Verdrehung des Sachverhaltes; bekanntlich kündigte Katharina selbst diese Stellung, "... weil Herr Doktor immer häufiger zudringlicher wurde und Frau Doktor das nicht leiden mochte. Auch ich mochte diese Zudringlichkeiten nicht." (S. 30) Der Gipfel der Realitätsverfälschung ist erreicht, wenn der „ominöse Herrenbesuch" aufgeklärt wird: „Nicht sie erhielt Herrenbesuch, sondern sie stattete unaufgefordert Damenbesuch ab." (S. 156) Wie absurd gerade diese Behauptung ist, weiß nur der Leser des Buches, der von der Überempfindlichkeit Katharinas in sexuellen Dingen weiß.

Diese Tatsache unterschlägt die ZEITUNG ihren Lesern aus den bereits bekannten Gründen.

Auch der Vater Katharinas wird in diese Verleumdungskampagne mit einbezogen. Er, der "... nach dem Krieg wieder in einem Schieferbergwerk gearbeitet [hatte], ... staublungenverdächtig ... [und daher] häufig krank war," (S. 29) wird als Simulant abgestempelt.

Die Schlußfolgerung ergibt sich für die ZEITUNG und natürlich für ihre Leser von selbst: Aus der Ehe einer Frau, die mit dem Küster in der Sakristei Orgien feiert und einem Mann, der Krankheiten vorspiegelt, der *sogar* einmal gesagt haben soll, der Sozialismus sei nicht das Schlechteste, aus solch einer Ehe kann nur eine mißratene Tochter hervorgehen.

Die totale Entstellung der Wirklichkeit zeigt sich weiter in absurden Spekulationen, die in Rhetorische Frageform gekleidet den Anschein der Wahrheit erwecken: „Was mag sich hier alles abgespielt haben, während die ahnungslosen Blornas ihrem Beruf nachgingen?" (S. 157)

Dem immer noch nicht überzeugten Zeitungsleser gibt die ZEITUNG „Denkhilfe", indem sie die Antwort auf ihre aufgeworfene Frage selbst gibt: „Oder waren sie nicht so ahnungslos? Ihr Verhältnis zur Blum wurde als ... fast vertraulich bezeichnet." (S. 157)

Invertierte Sätze verstärken den Wirkungsgrad auf die Leserschaft: *„Nicht sie erhielt* Herrenbesuch!/ *„Ist es schon merkwürdig,* daß ... sie ... keine Träne vergoß." (S. 156/155) Umgangssprachliche Redewendungen und Begriffe erleichtern auch hier dem Zeitungsleser das Verständnis. „Die, wie die miteinander tanzten," (S. 157) fiel der Verkäuferin Herta Sch. besonders auf. Weiterhin ist von der „Roten Trude", vom „Ausbaldowern der Villa", von der „nuttigen Art" Katharinas die Rede.

Politische Indoktrination hat auch in dieser Ausgabe der ZEITUNG zentralen Stellenwert.

So wird Katharina unterstellt, sie setze „... den Ruf eines ehrenwerten Menschen ... skrupellos aufs Spiel," (S. 156) in dessen Villa der gesuchte L. Götten und Freund Katharinas gefaßt worden war. Dieser „ehrenwerte Herr" ist kein anderer als der Industrielle Sträubleder, der identisch mit dem „ominösen" und immer wieder von Katharina verschmähten Herrenbesuch ist. In der Hoffnung auf ein Liebesabenteuer hatte er Katharina den Schlüssel zu seiner Villa überlassen. Da dieser Mann eine gesellschaftlich exponierte Stellung innehat, muß er gedeckt werden. So ist eben nur von einem ehrenwerten Herrn S. und nicht von Sträubleder die Rede. Ein Telephongespräch Lüdings, des Geschäftspartners Sträubleders, mit der ZEITUNG bestätigt die Gemeinsamkeit der Interessen einflußreicher Kreise, denen auch der oder die Verleger der ZEITUNG angehören. Lüding gibt eindeutige Anweisung: „'Sofort S. ganz raus, aber B. ganz rein!" (S. 134) wobei mit B. Dr. Blorna gemeint ist, der jetzt als Vertrauter Katharinas in die Polithetze mit einbezogen werden kann. Von diesen gesellschaftlichen Verflechtungen wird der Zeitungsleser abgelenkt, indem sein Blick auf den ideologischen Gegner gerichtet wird, der „hinter alldem" steckt:

> Offenbar sollte die Blum im Auftrag einer Linksgruppe die Karriere von S. zerstören. (S. 156)

Die „Linksgruppen" sind also dafür verantwortlich, daß ehrenwerte Bürger um Ruf, Familienglück und politische Karriere bangen müssen. Folgerichtig stellt sich der ZEITUNG die Frage:

Sind unsere Vernehmungsmethoden nicht doch zu milde? Soll man gegen Unmenschen menschlich bleiben müssen?" (S. 156)

Diese Assoziation vollzieht auch der Leser der ZEITUNG. So richten sich seine Aggressionen auf die „Linken", durch deren Einfluß und Verschwörertätigkeit das Leben unbescholtener Bürger zerstört wird. Auch für ihn steht fest, daß diese „Unmenschen" nicht menschlich behandelt werden dürfen.

Unverkennbar trägt die Sprache der ZEITUNG faschistische Züge.

Der dreigliedrige Aufbau des Berichtes in der SONNTAGS-ZEITUNG gibt einen Einblick in die Verfahrensweisen der ZEITUNG. Zuerst wird der Zeitungsleser in das Thema eingestimmt: „Ist diese Frau wirklich nur eiskalt und berechnend"? (S. 155) „War Katharina B. etwa auch an den Unterschlagungen des berüchtigten Dr. Fehnern beteiligt?" (S. 155)

Es folgen „Tatsachen", „. . . Informationen . . . , die fast schlüssig beweisen . . ." (S. 155)

Spekulationen, „gewisse Andeutungen" (S. 157) und Gerüchte („Nachbarn erzählten Zeitungsreportern . . .") (S. 157) schließen sich an: „Welche Rolle spielte . . . die 'rote Trude' . . .?" (S. 157)

Die Erwähnung dieser Gerüchte hat zur Folge, daß der betroffene Personenkreis weiterhin im Gerede bleibt. Ein Fazit aus der Analyse der SONNTAGSZEITUNG ergibt folgendes: Hier eskaliert publizistische Gewalt, deren Folgen dem Leser bekannt sind. Die totale Entstellung und Verfälschung der Wirklichkeit wird auf die Spitze getrieben, denn zu jeder Behauptung der ZEITUNG ließe sich eine Gegenbehauptung aufstellen. Diffamierungen, Lügen und Sensationalisierung sind für die ZEITUNG Mittel, ihre marktwirtschaftliche Position durch hohe Auflageziffern zu stärken und so die geschilderten gesellschaftspolitischen Intentionen zu verwirklichen. Letzteres bestätigt sich, wenn die ZEITUNG in weiteren Kurzberichten den Bekanntenkreis Katharinas bei jeder sich bietenden Möglichkeit mit den Kommunisten in Verbindung bringt. So fragt sich die Zeitung: „'Wann wird der rote Anwalt auf den Wagen des kleinen Mannes umsteigen müssen,'" (S. 168) und wenig später, als Blorna bei einem Pfandleiher gesehen wird: „'Fließen die roten Quellen wirklich nicht mehr . . .?'" (S. 172)

5. Die Wechselwirkung zwischen Sprache und Wirklichkeit

In Bölls Erzählung wird ein Sachverhalt vom Erzähler und einer Zeitung verschieden dargestellt. Der Erzähler ist bemüht, das Geschehen möglichst objektiv wiederzugeben. Daher greift er auf entsprechende Mittel zurück, die seinem Anspruch gerecht werden sollen:
Berichte, Vernehmungsprotokolle und Aussagen aus dem Bekanntenkreis der Katharina Blum. Ständig wechselt der Erzähler die Handlungsebene, um zu erklären, zu ergänzen oder zu berichtigen, letztlich, um aufzuklären und dem Leser ein klares Bild der Wirklichkeit zu vermitteln.

Gänzlich diametral stellt die ZEITUNG diesen Sachverhalt dar. Sie verdreht und verfälscht die Wirklichkeit, greift zu Lügen, Verleumdungen und entstellten Zitaten, arbeitet vorwiegend mit Gerüchten, Spekulationen und Andeutungen. Im Gegensatz zum Erzähler, der um Aufklärung bemüht ist, verschlüsselt die ZEITUNG die Wirklichkeit, verklärt anstatt aufzuklären. Die Gründe der Verschleierung von Realität und damit gesellschaftlicher Verhältnisse werden durchsichtig, wenn Böll uns eine undurchschaubare Gesellschaft vorführt, zu deren Bestandteil die ZEITUNG gehört.

Bereits das erste Kapitel weist auf schwer durchschaubare gesellschaftliche Verflechtungen hin. Von „Nebenquellen" ist da die Rede, deren ". . . Verstrickung, Verwicklung, Befaßtheit, Befangenheit, Betroffenheit . . ." (S. 10) sich im Verlauf des folgenden Berichts ergeben sollen. Die Alliteration unterstreicht die Bedeutsamkeit dieser anonymen Quellen für den weiteren Verlauf des Textes. Sehr schnell bekommt Katharina Blum diese Verflechtungen zu spüren, der es unbegreiflich ist, ". . . wie Einzelheiten aus der Vernehmung . . . hätten zur Kenntnis der ZEITUNG gelangen können." (S. 81)

Von den Einflußmöglichkeiten mächtiger, im Hintergrund tätiger Leute erfährt der Leser, wenn Sträubleder feststellt: „'Die ZEITUNG . . . stellt keine Gefahr dar, das hat Lüding in der Hand.'" (S. 123) Diese Verbindungen, deren Sträubleder sich so sicher ist, sollen sich später bestätigen, ". . . wenn da ein gewisser Lüding . . . die Chefredaktion der ZEITUNG anruft und etwa sagt:

> „'Sofort S. ganz raus, aber B. ganz rein.'" (S. 134)

Doch selbst Lüdings Möglichkeiten sind beschränkt, anonyme Hintergründe auszumachen, denn

> . . . man hat keinen Einfluß auf Tötges weitere journalistische Aktivitäten, die er über einen Strohmann abwickelt. (S. 124)

Undurchsichtige Aktionen werden durch Strohmänner getätigt, deren Auftraggeber auf Anonymität bedacht sind. Gesellschaftliche Kreise, Systemkontrollorgan (Presse) und Systemträger (Polizei, Staatsanwaltschaft) arbeiten nach demselben Verfahren Hand in Hand.[56] Geschäftliche, politische und persönliche Interessen ermöglichen diese Zusammenarbeit. Den Beweis für die geschilderten gesellschaftlichen Verflechtungen liefert Kommissar Beizmenne, der, *natürlich intern,* zugibt,

> einige wichtige Details verdanke er übrigens den Reportern von der ZEITUNG . . . und den mit diesem Haus verbundenen Organen, die nun einmal lockere und nicht immer konventio-

---

[56] Vgl. dazu Kap. 3.3., S. 17/18 dieser Arbeit.

nelle Methoden hätten, Einzelheiten zu erfahren, die amtlichen Recherchen verborgen blieben. (S. 159)

Die Tarnung ihrer Aktionen gestalten die Ermittlungsbehörden derart perfekt, daß sie selbst für die Beteiligten nicht mehr durchschaubar sind. So wirft der Staatsanwalt Dr. Korten die Frage auf, „. . . ob man denn nun nicht ernsthaft versuchen müsse, dieses Scheichs mit dem Namen Karl habhaft zu werden . . . ," (S. 97) desselben Mannes, der von den Ermittlungsbehörden als Spitzel in die verhängnisvolle Party eingeschleust worden war.

Dieser undurchschaubaren, anonymen Gesellschaft entspricht die Komposition des Textes. So verwirrend wie die aufgezeigte Realität ist die Form der Erzählung; sich überschneidende Handlungsstränge, Vor- und Rückgriffe, Rückblenden, Voraus- und Andeutungen machen es dem Leser schwer, den Text und die damit angesprochenen Vorgänge zu durchschauen.

Auf die zu erwartende Verwirrung verweist bereits der Satzbau der beiden einführenden Kapitel: Ein verschachteltes, beinahe eine ganze Seite einnehmendes Satzgefüge (S. 9) erläutert die Hauptquelle des Berichts, ein weiteres die Zusammenführung der Quellen in einen „Sammelkanal", um ihre anonyme Herkunft zu erhellen.

Mit dieser anonymen Gesellschaft muß sich Katharina Blum, Hauptperson der Erzählung, auseinandersetzen. Ihre Verhaltensweise wird dabei von Erzähler und ZEITUNG gänzlich entgegengesetzt beurteilt. So prallen zwei verschiedene Formen der Darstellung von Wirklichkeit aufeinander: Hier der Erzähler, immer wieder bemüht, Hintergründe aufzudecken, die mit dem Fall Katharina Blum in Verbindung stehen, da die ZEITUNG, die Hintergründe bewußt verschleiert. Damit wird der Blick des Lesers automatisch auf die gesellschaftlichen Verhältnisse gelenkt, um deren Tarnung die ZEITUNG sichtlich bemüht ist. (Vgl. auch Kap. 4.4., „Die ZEITUNG offenbart politische Intentionen")

Indem Böll seiner Berichterstattung fiktionale Zeitungstexte gegenüberstellt, entlarvt er eine inhumane, korrupte Gesellschaft, deren Interessen die ZEITUNG als ihr Meinungsträger vertritt. Bewußt setzt er dabei die sprachlichen Mittel der ZEITUNG selbst ein, um deren Strategie und Ziel deutlicher erkennen zu lassen: Er idealisiert seine Erzählfigur, provoziert Emotionen und antwortet in derselben gewalttätigen Sprache. (Vgl. dazu Kap. 3.4., Akzentverschiebung . . .)

Dieses Verfahren Bölls ist somit als Reflex auf die gewalttätige Sprache der ZEITUNG und als unmittelbare Folge seiner persönlichen Betroffenheit zu verstehen. Zugleich setzt er diese Mittel selbst ein, um die gewalttätige Presse nebst Hintermännern mit ihren eigenen Waffen zu treffen.

6. Exkurs: Erzählsituation

Bei der Rezeption, Analyse und Interpretation eines literarischen Textes ist das Verhältnis des Erzählers (Autors) zu seiner Erzählung – Erzählsituation oder Erzählhaltung genannt – von besonderer Bedeutung. Indem er erzählt, hält der Erzähler eine bestimmte „Epische Distanz" zu der erzählten (fiktionalen) Welt, d.h. er erzählt aus einer bestimmten Perspektive. Diese Distanz eines Erzählers zu seinem Erzählgegenstand kann erheblich differieren. Kommentiert er aus ironischer oder sachlicher Sicht das erzählte Geschehen, mischt er sich bspw. in Form von Anreden an den Leser in die Handlung ein, unterbricht er also den Handlungsablauf, so kann von einer großen „epischen Distanz" gesprochen werden.

Der Erzähler steht dem Erzählten distanziert gegenüber, und eine ähnliche Haltung legt er auch dem Leser nahe. So ist diese Erzählhaltung u.a. typisch für eine „stark reflektorische Prosa."[57] Nicht die Handlung, sondern die Reflexion über das Erzählte, vom Erzäh-

[57] Vgl. Jochen Vogt, *Aspekte erzählender Prosa*, (Düsseldorf 1972), S. 32.

ler oftmals durch belehrende Einmischungen und Wertungen provoziert, nimmt bei dieser Erzählhaltung zentralen Stellenwert ein.

Diese Erzählsituation, in der ein allwissender Erzähler agiert und davon auch in der oben beschriebenen Weise Gebrauch macht, wird in der Fachterminologie als *„Auktoriale Erzählsituation"* definiert.

Ganz anders gestaltet sich das Verhältnis des Erzählers zum Erzählten in der *Personalen Erzählsituation".* Dadurch, daß der Erzähler vollkommen in den Hintergrund tritt, eine vermittelnde Instanz damit entfällt, fühlt sich der Leser an den Schauplatz der Handlung oder selbst in eine Gestalt der Erzählung versetzt und kann so das Geschehen aus der Perspektive dieser Person verfolgen. Diese Art des Erzählens erweckt den Eindruck oder stellt den Anspruch größtmöglicher Objektivität in der Darstellung, da die dargestellte Wirklichkeit nicht mehr ausschließlich aus der subjektiven Betrachtungsweise des Erzählers erscheint.

Von der auktorialen und personalen Erzählsituation als „Er-Erzählformen" hebt sich die *„Ich-Erzählsituation"* als besondere Erzählform ab. In ihr kommt ein Erzähler zu Wort, der seine „eigensten und unmittelbarsten Erfahrungen, Irrtümer (..) und Leidenschaften"[58] mitteilt. Die Erzählperspektive ist hier bewußt beschränkt auf den „subjektiven Gesichtskreis und Blickwinkel"[59] des „Ich-Erzählers". Dennoch kann selbst in dieser Erzählform von „Epischer Distanz" gesprochen werden, da der Ich-Erzähler als erzählendes Ich über seinen früheren Ich-Zustand reflektieren und Urteile abgeben kann.[60] Subjektivierung auf der einen und Epische Distanz auf der anderen Seite (Erzählendes Ich – Erlebendes Ich) sind die Besonderheiten dieser Erzählweise.

---

58 Jochen Vogt, a.a.O., S. 33.
59 Jochen Vogt, a.a.O., S. 34.
60 Vgl. derselbe, a.a.O., S. 35.

6.1. Auktorialer Erzähler und Erzählerbericht

Heinrich Böll bevorzugt in seiner Erzählung die auktoriale Erzählhaltung. Die hier aufgezeigte undurchschaubare, von anonymen Hintermännern gesteuerte Gesellschaft, kurz, „das Thema erfordert es, daß er [Böll] dabei im Dschungel der Bürokratie als Kanzlervorsteher agiert."[61] Daher mischt er sich ständig in den Handlungsablauf ein, kommentiert, reflektiert, ergänzt, berichtigt oder erklärt das erzählte Geschehen. So erhält der Leser den Eindruck einer objektiv-sachlichen literarischen Berichterstattung. Bezeichnenderweise spricht Böll auch mehrere Male von einem Bericht.

Doch gerade in der auktorialen Erzählperspektive zeichnet sich "... die Einstellung [des Autors] zu politischen, sozialen und moralischen Fragen, seine Voreingenommenheit [!] gegenüber bestimmten Personen und Dingen [ab]."[62] So entpuppt sich die vordergründig objektive Erzählweise als eine tatsächlich subjektive. (Vgl. Kap. 3.4., Akzentverschiebung ...)

Deshalb muß "... in einem auktorialen Roman diese Seite der Persönlichkeit des Erzählers [Seine Einstellung zu politischen, sozialen und moralischen Fragen] immer von größtem Interesse sein."[63] Durch den Gebrauch der auktorialen Erzählperspektive gibt der Autor seinen subjektiven Standpunkt zu erkennen. (Vgl. dazu Kap. 2., Die Erzählung im historischen Kontext) und relativiert damit seine Aussage.

Für den Leser des Textes bedeutet das, die Voreingenommenheit des Erzählers zu berücksichtigen, etwaige überzeichnete Darstellungen als Produkt des engagierten Schreibers anzusehen und entsprechend zu relativieren.

---

[61] Horst Naumann, *Unendliche Parallelen*, Die Tat, Nr. 48, 30. Nov. 1974.
[62] Franz K. Stanzel, *Typische Formen des Romans*, (Göttingen, 1972), S. 19.
[63] Derselbe, a.a.O., S. 19.

6.1.1. Objekte der Kritik

Bölls Kritik richtet sich gegen eine Presse[64], die aus wirtschaftlichen Erwägungen und um der Verwirklichung politischer Ziele willen publizistische Gewalt ausübt und, wie hier geschehen, ein Individuum durch psychischen Terror vernichtet. Kritik aber auch an einem Staat, der durch fragwürdige Abhörpraktiken in die Privatsphäre seiner Bürger eindringt, der zuläßt, daß eine gewalttätige Presse, wie sie die ZEITUNG verkörpert, nahezu absolute „Handlungsfreiheit" genießt.

Ein Staat, der für den Schutz des Einzelnen geschaffen wurde und der, um Hilfe gebeten, durch seine Repräsentanten lakonisch mitteilen läßt,

> . . . daß es nicht Sache der Polizei oder der Staatsanwaltschaft sei, 'gewisse gewiß verwerfliche Formen des Journalismus strafrechtlich zu verfolgen,'" (S. 88)

ein solcher Staat ist nicht intakt.

Angesprochen ist hier auch die Kirche. Sie hilft nicht, sondern verweist auf die Gehorsamspflicht. (Vgl. S. 165) Ihr geht es primär um den ideologischen Gegner, (Vgl. S. 49., S. 164/65) nicht um Nächstenliebe für einen Menschen. Von einer Kirche, die sich als politische Institution begreift, hat ein Mensch keine Hilfe zu erwarten. Ganz besonders angesprochen sind aber Menschen vom Schlage eines Peter Blum, des Vaters von Katharina,

> . . . der immer, immer nörgelte, . . . auf Staat und Kirche, Behörden und Beamte . . . schimpfte, aber wenn er mal mit einem von denen zu tun hatte, dann ist er gekrochen, hat fast gewinselt vor Unterwürfigkeit. (S. 187)

Macht und Machtmißbrauch durch Massenmedien, staatliche Organe und gesellschaftliche Kreise sind dann möglich, wenn der Bür-

---

[64] Der Sensationsjournalismus als zentrale Problematik in H. Bölls Erzählung soll im Kapitel 7, Zeitgenössische Bezüge, ausführlich abgehandelt werden.

ger sich nicht wehrt, wenn er keine „Zivilcourage" zeigt. Das gilt in besonderem Maße für die gewählten Volksvertreter. In ihrer Hand liegt es, durch Einsetzung wirksamer Kontrollmechanismen – womit keine allgemeine Pressezensur gemeint ist – Ausartungen dieser Art vorzubeugen.

Geschieht dies nicht, wird weiterhin publizistische Gewalt ausgeübt, die physische Gegengewalt erzeugen kann.

Damit stellt sich die Frage, auf welchem gesellschaftlichen Hintergrund die Kritik des Autors zu sehen ist. Diese Fragestellung soll im Kapitel 7, „Zeitgenössische Bezüge" erörtert werden.

6.1.2. Wie Gewalt entstehen und wohin sie führen kann

Der Untertitel der Erzählung weist auf das zentrale Anliegen Bölls hin. Deshalb sollen in diesem Kapitel noch einmal die Stationen aufgezeigt werden, die die entscheidende Veränderung im Verhalten der Katharina Blum herbeiführten.

Schon von Kindheit an kommt Katharina mit einer verständnislosen Gesellschaft in Berührung. In der Schule wird sie vom Pfarrer als „unser rötliches Katharinchen" (S. 187) gehänselt, weil ihr Vater den Sozialismus einmal als „nicht das Schlechteste" bezeichnet hatte. Als Hausgehilfin muß sie sich den Zudringlichkeiten „eines angesehenen Landarztes" erwehren. Schuldlos in einen relativ harmlosen Kriminalfall verwickelt wird sie mit den groben Ermittlungsmethoden der staatlichen Behörden konfrontiert. „'Hat er [Ludwig Götten] dich denn gefickt?'" (S. 25) wird sie auf derart derbe Weise von Kommissar Beizmenne gefragt.

Gelassen erträgt Katharina bis dahin alle Demütigungen und Verletzungen ihrer Intimsphäre. Mit dem Auftreten der ZEITUNG und ihrer Sensationsmache zeichnet sich eine Bewußtseins- und Verhaltensänderung in Katharina ab. ". . . Ich weiß ja jetzt, wie diese

Schweine arbeiten“ (S. 50) äußert sie sich auf das Erscheinen des ersten Artikels der ZEITUNG. Entsetzt über die Verdrehungen und Lügen der zweiten Berichterstattung durch die ZEITUNG wendet sie sich noch hilfesuchend an den Staat und fragt, ob er “. . . nichts tun könne, um sie gegen Schmutz zu schützen und ihre verlorene Ehre wiederherzustellen.“ (S. 81)

Auf die Verstrickung von Presse und Systemträgern wurde bereits hingewiesen, und so erntet Katharina von dieser Seite nur Spott. Der Staatsanwalt Dr. Korten erklärt ihr: „. . . Wer sich nicht in schlechte Gesellschaft begebe, oder in solche gerate, [gebe] ja auch der Presse keinerlei Anlaß zu vergröberten Darstellungen . . .“ (S. 89)

So ist Katharina nichts wichtiger, „. . . als immer und immer wieder die beiden Ausgaben der ZEITUNG zu lesen.“ (S. 82/73) Nur dieser gewalttätigen Institution gilt ihr Interesse, was Frau Woltersheim bedenklich stimmt. Sie hält es für alarmierend, „. . . daß Katharina offenbar nicht mehr an ihrer Wohnung, an der sie sehr gehangen . . . habe, interessiert sei.“ (S. 85)

Inzwischen hat sich die Berichterstattung der ZEITUNG auch auf die Volksmeinung ausgewirkt. Dr. Blorna wird von einem Taxifahrer angesprochen: „'Sie sind doch der Anwalt und Arbeitgeber von diesem Nüttchen.'“ (S. 53) Die Verkäuferin Hertha Scheumel, mit Katharina verwandt, bemüht sich, die Weitläufigkeit ihrer Verwandtschaft zu Katharina darzustellen, (Vgl. S 91) seitdem sie weiß, „daß . . . Ludwig Götten . . . ein gesuchter Schwerverbrecher ist. “ (S. 93) Schließlich sind die Emotionen der Zeitungsleser vollends entfacht. Katharina erhält anonyme Anrufe und sexuelle Angebote. Ein anonymer Hausnachbar schreibt: „'Warum machst du keinen Gebrauch von meinem Zärtlichkeitskatalog?'“ (S. 106) Auch die politische Indoktrination der ZEITUNG trägt Früchte. Von „Kommunistensau“ bis zur „roten Wühlmaus“ reicht die Palette der Beschimpfungen. Politische Ängste, von der ZEITUNG bewußt erzeugt,

(Vgl. Kap. 4.4., Politische Intentionen der ZEITUNG) kommen jetzt zum Vorschein. So stellt ein anonymer Briefschreiber fest: „'Was Stalin nicht geschafft hat, Du wirst es auch nicht schaffen.'" (S. 105)

Eine derartige Eskalation verbaler Gewalt muß notwendigerweise Gegengewalt provozieren.

„Ohne sonderliche Erregung" (106) zertrümmert Katharina Produkte der Gesellschaft, indem sie „. . . je eine Flasche Sherry, Whisky, Rotwein . . . gegen die makellosen Wände warf." (S. 106) Hier bahnt sich ihr Wille an, sich gegen die gewalttätige, nach außen hin jedoch „makellos" erscheinende Gesellschaft zur Wehr zu setzen. So mutet es den Leser auch nicht fremd an, daß Katharina beim Tode ihrer Mutter erleichtert gewesen sei. Nach dem gewaltsam herbeigeführten Tod ihrer Mutter und dem Verlust ihrer Ehre hat sie jetzt nichts mehr zu verlieren. Verständlich wird auch ihr entschiedenes „Nein", als sie aufgefordert wird, am Bett der Toten ". . . ein kurzes Gebet zu sprechen." (S. 146) Dieses „Nein" gilt der Kirche, die ihre Aufgabe darin sieht, den ideologischen Gegner zu verketzern, in dessen Nähe Katharina wie zuvor bereits ihr Vater gerückt wird. Trost und Zuspruch von dieser Seite muß Katharina wie Hohn vorkommen.

Es sei dahingestellt, ob Katharina bereits zu diesem Zeitpunkt, nach der Lektüre der SONNTAGSZEITUNG oder erst bei Erscheinen des Reporters Tötges in ihrer Wohnung Mordabsichten hegte. Als dieser Mann aus seiner Anonymität hervortritt und Katharina in derselben gewalttätigen Sprache vorschlägt, „daß wir jetzt erst einmal bumsen," (S. 185) entlädt sich ihre Empörung und aufgestaute Wut. Sie antwortet mit dem Mittel, das ihr jetzt angemessen scheint, mit Gewalt:

> Bumsen, meinetwegen, und ich hab' die Pistole rausgenommen und sofort auf ihn geschossen. Zweimal, dreimal, viermal. Ich weiß nicht mehr genau. (S. 186)

6.1.3. Gewalt und ihre Bewertung

Nach der Tat wechselt Katharina zwischen Kino und Kirche hin und her, um Ruhe zu finden, und über das Geschehene nachzudenken.

Heinrich Böll läßt aber seine Heldin keine Reue finden.

> Ich dachte natürlich auch an den Erschossenen da in meiner Wohnung. Ohne Reue, ohne Bedauern. (S. 188)

Damit sanktioniert er ihr gewalttätiges Handeln, das er als Reflex auf das gewalttätige Verhalten der Gesellschaft und ihrer Institutionen zurückführt. Katharina hat in Notwehr gehandelt, und für dieses Handeln sucht er beim Leser um Verständnis. Da Bölls zentrales Anliegen das Aufzeigen der Ursachen von Gewaltanwendung ist (Vgl. Untertitel), verurteilt er die bestehende Gewalt und rechtfertigt die daraus resultierende Gewalt. An dieser Stelle soll von vorneherein einem Mißverständnis vorgebeugt werden. Der Untertitel der Erzählung weist eindeutig auf die Intention des Autors, damit auf den Appellcharakter des Werkes hin. Apologie der Gewalt als Antwort auf Gewalt ist hier nicht gemeint. Katharinas Haltung ist als Aufruf zum Widerstand gegen das Unrecht in einer Gesellschaft zu verstehen, die vorgibt, Rechte und Freiheit des Individuums zu schützen, in Wirklichkeit aber zuläßt, daß eine gewalttätige Presse Recht und Ehre dieses Individuums zerstören kann. Läßt die Gesellschaft dieser Art Presse weiterhin freie Hand, so wird immer wieder Gewalt ausgeübt werden, was naturgemäß Gegengewalt erzeugt.

Die Entkräftung der tödlichen Schüsse durch Übertragung auf die sexuelle Ebene verweist darüber hinaus auf ein allgemein menschliches Anliegen. Erschossen wird „das Schwein“, welches der Moralist Böll in dem Zeitungsreporter sieht. Damit hat der Autor auch in dieser Erzählung das Ziel seines literarischen Schaffens nicht aus den Augen verloren: Die Forderung, eine humanere Gesellschaft zu schaffen, auch wenn dies in agitatorischer Form geschieht.

Die Erzählung endet in einem offenen Schluß. Gerichtsverhandlung, Strafmaß und das weitere Schicksal Katharinas und ihres Bekanntenkreises bleiben ausgespart. Dem Leser bleibt es überlassen, darüber nachzudenken, wie Katharinas Verhalten beurteilt und ob sie verurteilt werden muß.

7. Zeitgenössische Bezüge

7.1. Bemerkung des Interpreten

Interpretieren bedeutet, aus der Analyse von Form und Inhalt eines Textes die Intention des Autors herauszukristallisieren und sie in Beziehung zum gesellschaftlich-politischen Hintergrund zu setzen, auf dem der Text entstanden ist.

Ein Interpret, der die Sichtweise des Autors teilt, wird somit die geäußerte Intention in der vom Autor gewünschten Weise erkennen und den Appellcharakter bejahend in seine Textauslegung miteinbeziehen.

Jede Interpretation wird daher den subjektiven Standpunkt des Interpreten, seine eigene Erfahrung und seine Reflexion auf den Text widerspiegeln. Dies möge beim Lesen des folgenden Kapitels berücksichtigt werden.

7.2. Bölls Erzählung, Fiktion oder fiktionale Gegenwärtigkeit?

Eine derart breite analysierende Erzählung, die die Arbeits- und Verfahrensweisen einer Boulevardzeitung zum Gegenstand hat, stellt naturgemäß die Frage, ob hier Dichtung oder Wahrheit, fiktionale Realität vorliegt. Unmißverständlich nimmt der Autor bereits im Vorwort seiner Erzählung dazu Stellung:

> Sollten sich bei der Schilderung gewisser journalistischer Praktiken Ähnlichkeiten mit den Praktiken der „Bild"-Zeitung ergeben haben, so sind diese Ähnlichkeiten weder beabsichtigt noch zufällig, sondern unvermeidlich. (H. Böll)

Dieses direkten Hinweises bedurfte es allerdings nicht. Zweideutigkeiten in der Namengebung – „Bild-Journalist" Adolf Schönner, die Ausgaben der „ZEITUNG" und der „SONNTAGSZEITUNG" („Bild", „Bild am Sonntag"), zeitliche Aktualität des Geschehens, vom 20. 2. 1974 bis zum 24. 2. 1974, gewisse inhaltliche Parallelen zu Aktivitäten der „Baader-Meinhof-Bande" (Anarchist und „Bankräuber" L. Götten, angeblich in linken Kreisen verkehrend, Hausdurchsuchungen) – letztlich der biographische Anlaß[65] lassen keinen Zweifel entstehen, daß hier auf literarischem Wege mit der Sensationspresse abgerechnet, d.h. deren Strategien ins Licht gerückt und dem Leser der Erzählung bewußt gemacht werden sollen. Besonders angesprochen ist hier der „Branchenführer", die vom Springer-Konzern verlegte, millionenfach gelesene „Bild"-Zeitung.

7.2.1. Die „ZEITUNG" und die „Bild"-Zeitung

Unverkennbare Ähnlichkeiten zwischen „ZEITUNG" und „Bild" offenbaren sich, vergleicht man die in die Erzählung eingerückten fiktionalen Zeitungstexte mit Ausgaben der wirklichen „Bild-Zeitung". Hier wie dort wird mit Riesenlettern verfahren, mit Balkenüberschriften, grammatikalischen Verkürzungen und umgangssprachlichen Redewendungen auf formal-sprachlicher, Übertreibungen bis zur Sensationalisierung auf inhaltlicher Ebene.[66] Bewußt passen sich diese Art Zeitungen dem Leseverhalten des Normal-

---

[65] Vgl. Kapitel 2, Die Erzählung im historischen Kontext.

[66] Es wird hier besonders auf die Studie „Der Springer-Konzern" von Hans-Dieter Müller verwiesen. (München, 1968)

lesers an, der durch schockierende Titel, durch angebliche oder tatsächliche Sensationen und Greueltaten stärker als durch trockene Fakten aus Wirtschaft und Politik angesprochen und so zum Kauf der Boulevardzeitung gereizt wird.

7.2.2. Die „ZEITUNG“, die „Bild-Zeitung“ und die Gesellschaft

An Bedeutung gewinnt dieser Vergleich, wenn, wie aus den fiktionalen Zeitungstexten ersichtlich, wirtschaftliche Machtstellung dazu eingesetzt wird, eigene gesellschaftspolitische Vorstellungen[67] den naiven Lesern aufzudrängen oder auf subtile Weise nahezulegen.

Das zeigt sich, wenn die „ZEITUNG“ Wilhelm Brettloh klagen läßt, daß Katharina

> unser bescheidenes Glück [nicht] genügte, nur ein bescheidenes Glück, wie es ein redlicher Arbeitsmann zu bieten hat, der den Gewerkschaften mißtraut. (S. 55f)

(Vgl. auch Kap. 4.4., . . . politische Intentionen) Ganz offensichtlich werden hier Rechtmäßigkeit, Unantastbarkeit und Unveränderlichkeit der herrschenden gesellschaftlichen Verhältnisse – Verteilung von Besitz und Vermögen – propagiert und zugleich gegen diejenigen verteidigt, die eine Um- oder gleichmäßigere Verteilung anstreben: Die Gewerkschaften! Verfolgt man beispielsweise die Rubrik „Bild-Kommentar“ in der „Bild-Zeitung“, stößt man durchaus auf analoge Vorstellungen.

So ist im „Bild-Kommentar“ vom 18. 10. 1975 unter dem Titel „Präsidenten sind auch Menschen / Die da droben und wir da drunten“ vom amerikanischen Präsidenten Ford die Rede, der nach einem Autounfall seinen Unfallgegner im Krankenhaus persönlich aufsuchte.

---

[67] Gemeint sind politische Vorstellungen des Verlegers.

Bild:

> Manchmal steigt einer runter. Ein gutes Beispiel für andere da droben, damit sich die da drunten nicht mehr ganz soweit unten fühlen.

So lapidar diese Feststellung auch klingen mag, offenbart sie doch eine präzise, wenn auch vereinfachte Auffassung von der Gesellschaft: Sie setzt sich aus zwei Schichten zusammen, aus denen „da droben" und denen „da drunten". Die „da droben", natürlich nicht beim Namen genannt, sind laut „Bild"-Kommentar gar nicht so anders als die „da drunten". Sie steigen sogar zu denen „da drunten" herab. Damit schwindet für den Leser die gesellschaftliche Distanz zwischen denen „da droben" und denen „da drunten".

Diese Erkenntnis stellt ihn zufrieden und hält ihn davon ab, gesellschaftliche Verhältnisse zu hinterfragen oder gar in Frage zu stellen. Auf raffinierte Weise bestärkt wird der Leser schließlich in seiner Meinung und damit in der erwünschten Vorbehaltlosigkeit, wenn „Bild" vorgibt auf Seiten ihrer Leser zu stehen. „Bild": *„Wir* da drunten".

Weitere Kommentare und Berichte verdichten den Eindruck, „Bild" reproduziere bestehende gesellschaftliche Verhältnisse, verteidige somit eine hierarchische Gesellschaftsordnung.[68]

Von einem Handwerker, einem fleißigen, sparsamen Mann (Bild) ist im „Bild"-Kommentar vom 11. 11. 1975 die Rede. Er war in sexuelle Hörigkeit eines Thaimädchens geraten und hatte seine berufliche wie familiäre Existenz aufs Spiel gesetzt, wurde damit für die Redakteure von „Bild" Gegenstand öffentlichen Interesses. „Bild"-Kommentar:

> Hier geht's um einen von uns. . . . Und plötzlich ist er ganz anders wie wir. . . .

---

[68] Vgl. Kap. 4.4., Die ZEITUNG offenbart politische Intentionen.

Bölls „biederer Textilarbeiter Wilhelm Brettloh“, (S. 55) der „redliche Arbeiter“ (S. 57) bleibt „bei seinen Leisten“, ist vollauf zufrieden mit dem Erreichten, mit seiner gesellschaftlichen Position, und die „ZEITUNG“ honoriert das in ihrer Berichterstattung.

Der Glaser Hissnauer in „Bilds“ Bericht (wie angeblich auch Katharina Blum in Bölls Erzählung) ist

> . . . plötzlich ganz anders als wir. So ein Mann wie er erschreckt uns alle ein bißchen. Denn er war ja einmal einer wie wir. (Bild 11. 11. 1975)

Der Handwerker hatte mit seiner Geliebten Rauschgiftschmuggel betrieben, um sich materielle Vorteile zu verschaffen. Dieses Verhalten ist nicht nur verwerflich; es ist illegal und muß als kriminelle Straftat geahndet werden.

Der Rauschgiftschmuggel an sich erschreckt „Bild“ jedoch nicht. Erschreckend scheint, daß ein „fleißiger, sparsamer Mann“, „einer von uns“ aus dem von ihm erwarteten Rollenverhalten ausbricht, sich mit dem Erreichten nicht zufrieden gibt und – in „Bilds“ Sprachgebrauch – plötzlich ganz anders wird als wir; damit dringt er in Etagen vor, die eben „denen da droben“ aus den oben angeführten Gründen vorbehalten sind. Gemäß dem politischen Grundkonzept der „Bild“-Verantwortlichen muß ein derartiges Verhalten verurteilt und der Volkszorn auf ähnliche Verhaltensweisen gelenkt werden.

Welch schwere Aufgabe ein Chef – einer „von denen da droben“ – zu bewältigen hat, macht „Bild“ vom 13. 4. 1970 seinen Lesern anschaulich klar. „Heute bin ich mal der Chef“ läßt die „Bild“-Zeitung, in Balkenüberschrift auf der Titelseite, den Angestellten J. Dirkschnieder aussprechen. Anläßlich eines Dienstjubiläums wurde ihm – so „Bild“ – die Möglichkeit gegeben, seinen Arbeitsplatz mit dem Chefsessel zu tauschen. Natürlich versagt er, als mehrere Telephone gleichzeitig klingeln, Sekretärinnen sich zum Diktat melden, sofort zu bezahlende Rechnungen auf den Tisch flattern usw. Und so läßt ihn „Bild auch die (erwünschte) Folgerung ziehen:

„Aber am Abend hatte er die Nase voll."

Am eigenen Leib konnte der kleine Angestellte J. Dirkschnieder – stellvertretend für den „Bild"-Leser – erfahren, welch schwere Bürde einer von denen „da droben", wer sie auch sein mögen, zu tragen hat.

Nun stellte sich bei einer Nachprüfung dieser Bericht weitgehend als Erfindung der „Bild"-Redakteure heraus.[70] Damit verliert der vordergründig unterhaltende Charakter des Textes an Bedeutung; eindeutig erhält er gesellschaftspolitischen Stellenwert: Die Gesellschaft wird wiederum etagenförmig gesehen; Belastungen, die die Leute aus den oberen Etagen zu tragen haben, die von kleinen Leuten in keiner Weise bewältigt werden können, rechtfertigen diese Ordnung.

Institutionen wie die Gewerkschaften, die eine Auflockerung derartiger Ordnungsgefüge anstreben, müssen notwendigerweise – wie es auch in Bölls Erzählung der Fall ist – das Mißtrauen der „Bild"-Verantwortlichen erregen.

Diese Behauptung findet in der Studie „Kapitalismus und Pressefreiheit, Am Beispiel Axel Springer"[71] ihre Bestätigung.

Beispielhaft wird dort der Metallarbeiterstreik 1963 in Baden-Württemberg angeführt. In Riesenlettern malt „Bild" eine „ökonomische Naturkatastrophe" aus. Schlagzeilen wie

---

[69] Vgl. G. Wallraff, *Neue Reportagen, Untersuchungen und Lehrbeispiele,* (Reinbeck, 1974), S. 90 ff.

[70] G. Wallraffs Nachforschungen ergaben, daß der Test überhaupt nicht stattfand; der Betrieb stand bereits still, als „Bild"-Redakteure J. Dirkschnieder auf den Chefsessel postierten. Das Dienstjubiläum selbst, das Firmeninhaber Brechmann und Angestellter Dirkschnieder gemeinsam begingen, hatte bereits drei Jahre zuvor stattgefunden.

[71] Kajo Heymann in: Kapitalismus und Pressefreiheit, Am Beispiel Axel Springer, (Berlin, o.J.), S. 159 ff.

„Langer Streik – und wir sind pleite!" (29. 4. 1963)
„Dieser Streik ist Wahnsinn!" (6. 5. 1963)
füllen tagelang die Titelseiten der „Bild"-Zeitung.

Den wahren Unruhestifter findet „Bild" schnell heraus:
„Arbeiter wehren sich: Wir mußten streiken." (30. 4. 1963)

Weiterhin läßt „Bild" die „Betroffenen" zu Wort kommen:
„Verfluchter Streik – wir wollten ihn nicht." (30. 4. 1963)

Folgerichtig fragt „Bild":
„Wer aber will den Streik, wenn nicht die Arbeiter?"

Die rhetorische Fragestellung wird beim „Bild"-Leser die erhoffte Wirkung zeigen: Gewerkschaften sind es, die durch ihre Forderungen Arbeitsfrieden, Arbeitsplatz, Konkurrenzfähigkeit und damit in höchstem Maße die Ordnung im Staat gefährden.

An dieser Stelle soll hervorgehoben werden, daß die angeführten Beispiele willkürlich ausgewählt sind und nicht den Anspruch erheben, als repräsentativ für die politische Leitlinie der „Bild"-Zeitung und ihres Verlegers zu gelten. Dennoch muß gestattet sein, Ähnlichkeiten in den Verfahrensweisen von „ZEITUNG" und „Bild" aufzuzeigen, Ähnlichkeiten, die wirklich „unvermeidlich" sind.

Nun besteht in einem freiheitlich-demokratischen Rechtsstaat wie der Bundesrepublik Deutschland Meinungs- und Pressefreiheit. In ihrer Funktion als Systemkontrollorgan ist die Presse geradezu verpflichtet, von diesem Recht Gebrauch zu machen. Sie hat ebenso das Recht, eigene politische Vorstellungen zu publizieren. Das gilt bzw. sollte für die „linke" wie die „rechte" Presse gelten.

Fragwürdig wird die Pressefreiheit dann – und hier setzt Heinrich Bölls Kritik an – wenn sie zum Zweck der Auflagesteigerung dazu mißbraucht wird, das Privatleben unliebsamer Personen in aller

Öffentlichkeit auszubreiten, sie zu diffamieren und möglicherweise gesellschaftlich zu vernichten.

Heinrich Böll mußte am eigenen Leib verspüren, was es heißt, einer skrupellosen Presse ausgesetzt zu sein. Vor größerem Schaden bewahrte ihn seine Position in unserer Gesellschaft. Er konnte sich zur Wehr setzen, u.a. mit seiner Erzählung „Die verlorene Ehre der Katharina Blum". Der fiktiven Person „Katharina Blum" blieb der Verlust ihrer Ehre *nicht* erspart; sie hatte geringe Aussichten, sich wirksam gegen die Verleumdungskampagne der „ZEITUNG" wehren zu können. In welch aussichtsloser Lage sich eine tatsächlich existierende Katharina Blum befände, formulierte sehr drastisch Eckart Spoo, Vorsitzender der Deutschen Journalistenunion:

> Wer in die Mühle der Springer-Justiz geraten ist, . . . der muß damit rechnen, daß seine persönliche Ehre und seine berufliche Existenz verloren sind und daß er fortan nur unter ständigen Schikanen „Bild"-lesender Mitbürger leben kann.[72]

7.2.3. Antikommunismus in „ZEITUNG" und „Bild"-Zeitung

In einem demokratischen Rechtsstaat ist die verfassungsrechtliche Garantie der Pressefreiheit eine Selbstverständlichkeit. Sie hat aber da ihre Grenzen, wo der politische Gegner diffamiert wird, Aggressionen der Leserschaft freigesetzt und bewußt auf diesen Gegner gelenkt werden.

Als der Fall „Katharina Blum" keine „front-page-story" mehr abgeben kann, bringt die „ZEITUNG" den Fall unter einem neuen Aspekt wieder ins Gerede. Vermutlich nach „Artikulationshilfe", wie es der Reporter Tötges euphemisch bezeichnet, läßt sie ihren Lesern durch Wilhelm Brettloh eine eindeutige Lehre erteilen:

> „So müssen falsche Vorstellungen von Sozialismus ja enden". (S. 55)

---

[72] G. Wallraff, *Neue Reportagen, Untersuchungen und Lehrbeispiele,* darin Eckart Spoo, S. 103.

Die Zusammenhanglosigkeit der Sachverhalte – der Fall „Katharina Blum“ auf der einen Seite, sozialistisches Gedankengut auf der anderen – entlarvt die politischen Intentionen der „ZEITUNG“: Der Fall „Katharina Blum“ wird Mittel zum Zweck, um den politischen Vorstellungen des Verlegers Nachdruck zu verleihen. Ein einfaches Feindbild wird aufgebaut und den Lesern suggeriert: Sozialismus bedeutet Radikalität, Verschwörung, Verbrechertum.

Damit stellt sich die Frage, ob auch in dieser Hinsicht unvermeidliche Ähnlichkeiten mit den Praktiken der „Bild“-Zeitung bestehen.

Daß der dargestellte Sachverhalt nicht ausschließlich fiktiven Charakter trägt, bestätigt u.a. ein Beitrag des Politischen Magazins „Report“ vom 24. 11. 1975 im Ersten Deutschen Fernsehen (ARD).[73]

„Kommunisten trieben einen Berliner Rektor in den Tod.“

Diese Schlagzeilen füllen das gesamte Titelblatt der „Bild“-Zeitung, Ausgabe Berlin vom 30. 1. 1975 aus. „Bild“ zitiert angeblich wörtlich aus dem Abschiedsbrief des Oberschulrektors Heinz Baatz nach dessen Selbstmord:

> „Die Intrigen kommunistischer Lehrer trieben mich in den Tod.“

Bei einer Nachprüfung fanden die Behauptungen der „Bild“-Zeitung keine Bestätigung. Die in „Report“ veröffentlichte Photokopie enthielt keine der angeblich wörtlich zitierten Passagen des Abschiedsbriefes. Sie stellten sich als reine Erfindung der „Bild“-Redakteure heraus.

So werden der reale Fall „Heinz Baatz“ wie der Fall „Katharina Blum“ dazu mißbraucht, den ideologischen Gegner zu verketzern. Auf Forderung nach einer Gegendarstellung reagierte der Axel Springer-Verlag gelassen:[74] Man bedaure den Tod des Herrn Baatz,

---

[73] Eine Gegendarstellung in gerichtlich erwirktem Umfang erfolgte 97 Tage später. (!) Auf Grund formaler Mängel in dem Antrag des Sohnes des Verstorbenen wurde dieser wenige Wochen später zur Zahlung von DM 6 000,-- Prozeßkosten verurteilt; der Axel Springer-Verlag hatte erfolgreich Berufung eingelegt.

[74] In einem Brief der Rechtsabteilung des Springer-Verlages an den Sohn des Verstorbenen.

eine Gegendarstellung sei aber nicht vorgesehen,[75] da diese nur von der betroffenen Persönlichkeit verlangt werden könne. Unerwähnt blieb dabei die frei erfundene „Kommunistenstory“.

Diese sarkastischen Töne entlarven die Selbstsicherheit und Machtstellung einer Presse, wie sie uns auch Heinrich Böll in seiner Erzählung vorführt. Dort ist es der Vertreter der Staatsanwaltschaft, der diese Machtstellung bestätigt, wenn er Frau Woltersheim belehrt,

> daß es nicht Sache der . . . Staatsanwaltschaft sei, 'gewisse gewiß verwerfliche Formen des Journalismus strafrechtlich zu verfolgen.' Die Pressefreiheit dürfe nicht leichtfertig angetastet werden. (S. 88)

Offen bleibt, ob es Sarkasmus oder Naivität ist, wenn dieser Staatsanwalt erklärt,

> daß, wer sich nicht in schlechte Gesellschaft begebe, oder in solche gerate, ja auch der Presse keinerlei Anlaß zu vergröberten Darstellungen gebe. (S. 89)

7.2.4. Aktualisierung 1993: Der Stellenwert von Bölls Erzählung und deren gesellschaftliche Implikationen

Knapp zwanzig Jahre sind mittlerweile vergangen seit Erscheinen der Erzählung „Die verlorene Ehre der Katharina Blum" im Jahr 1974. Welchen Stellenwert sie in der heutigen Zeit, losgelöst vom gesellschaftlich-historischen Kontext der 70er Jahre, noch hat, läßt sich nun fragen. Letzteres berechtigterweise, wird man mit den Auflagezahlen der BILD-Zeitung konfrontiert, deren Inhalte und Verfahrensweisen den Stoff für Heinrich Bölls Erzählung gaben. Damals wie heute soll(te) die Analyse des Grundverfahrens einer Boulevardzeitung – „Sensationalisierung von Nachrichten" zum Zwecke der Auflagesteigerung eines Massenblattes – vernach-

---

[75] „Report“-Sendung in der ARD; ein Beitrag des Bayrischen Rundfunks München, bearbeitet von Friedhelm Brebeck: „Das Recht eines Toten auf die Wahrheit“.

lässigt werden. Diesbezüglich sei auf einschlägige Analysen verwiesen. Hier sollen die Aspekte berücksichtigt werden, unter denen die fiktive ZEITUNG analysiert wurde und die ihre Entsprechung in der BILD-Zeitung fanden.

Die Analyse der Verfahrensweise der fiktiven ZEITUNG ließ zu dem Schluß kommen, daß der Fall Katharina Blum der ZEITUNG vor allem dazu diente, gesellschaftspolitische Grundpositionen darzulegen bzw. dem Leser nahezulegen. (Vgl. dazu Kap. 4.4.) Daß Fiktion und Realität hinreichend Parallelen enthielten, wurde im Kapitel 7 (Zeitgenössische Bezüge) aufgezeigt.

Es sei an dieser Stelle noch einmal verwiesen besonders auf die latent propagierte hierarchische Gesellschaftsordnung – „die da oben, „wir" da unten" – eine Gesellschaftsordnung, die ihre Berechtigung habe und in welcher gewerkschaftliche Positionen als störend wenn nicht gar systemgefährdend im fiktiven Medium ZEITUNG bzw. im realen Medium BILD-Zeitung dargestellt wurden.

Dieser damalige Eindruck findet seine Bestätigung, liest man z. Bsp. den Hauptaufmacher der BILD-Zeitung vom 6.5.1992: GNADE, MONIKA! (Wulf Mathies; ÖTV-Vorsitzende) Die Dachzeilen veranschaulichen den gegen die Forderungen der Gewerkschaft gerichteten Appell: „Times: Deutsche fett, faul, krank. Der Müll stinkt zum Himmel. Das Ausland wundert sich nur noch." Und weiter im Text: „Die geplagte Nation hofft und stöhnt: Gnade, Monika!" Dennoch scheint nach der Wiedervereinigung der beiden deutschen Staaten 1991 und der damit verbundenen immensen wirtschaftlichen Probleme eine wenn auch vorsichtige Wende in der Berichterstattung stattgefunden zu haben. Die Gründe sind zu sehen

- in der Auflösung der DDR; Der ideologische Gegner, das Feindbild „Sozialismus" existiert nicht mehr.
- in sozialen Nöten/Arbeitslosigkeit, die in einem nie gekannten Maß zugenommen haben (Stahl/Werften/Automobilbau).
- in von Arbeitnehmern als ungerecht und sozial unausgewogen empfundenen Entscheidungen der Politiker (Steuererhöhungen/Kürzungen in sozialen Bereichen/zusätzliche Abgaben zum „Aufbau Ost").

– in Affairen von „denen da oben" (Möllemann, Schwaetzer, Streibl, Lafontaine), in denen es um Selbstbereicherung oder um Vorteilnahme durch das politische Mandat ging.

Der zur Bedeutungslosigkeit herabgesunkene Terrorismus der militanten Linken bzw. der offiziell verkündete Gewaltverzicht der potentiellen Nachfolgegeneration der RAF mußten letztlich dazu führen, daß derartige Berichterstattungen (fiktiver Fall Katharina Blum/Entsprechungen in der Realität der Boulevardzeitung) nicht mehr zeitgemäß waren.

Im Zeitraum vom 19.12.1992 bis zum 8.3.1993 wurden Ausgaben der BILD-Zeitung unter dem Aspekt „Darstellung von Arbeitnehmerinteressen/Arbeitgeberinteressen" sondiert, da dieser Aspekt im Falle der Katharina Blum zum Tragen kommt. Der kurze Zeitraum der Untersuchung kann nicht den Anspruch erheben, als repräsentativ zu gelten. Aufgezeigt werden sollen lediglich Tendenzen ohne Anspruch auf Objektivität.

So lautet der BILD-Aufmacher vom 19.12.1992 anläßlich der Streichliste im Sozialbereich: Herr Waigel, warum auf die Kleinen?

Der Schlagzeile vom 6.2.1993 „Arbeitsmarkt im Sturzflug" folgt auf Seite 2 eine ausführliche Darstellung der Thematik mit der Schlagzeile: Werden die Reichen immer reicher ... und die Armen immer ärmer?

Angesichts der aufgeführten Fakten, die einem Horrorszenario gleichen, hat die Fragestellung rhetorischen Charakter.

Steuern! Du
zahlst dich
grün & blau. lautet die Überschrift vom 9.2..1993, verstärkt durch die Unterschlagzeile „Deutschland – bald nur noch ein Land für Millionäre?"

Anläßlich der Kündigung der Tarifverträge in Sachsen/Berlin-Brandenburg nimmt die Schlagzeile in BILD vom 24.2.1993 appellativen Charakter an: Jetzt knallt's! Stahl-Demo gegen Arbeitgeber. Und einen Tag später wird das „Spiel der Bosse ... (als) Teufelswerk!" (apostrophiert.)

„Die da oben" scheinen sich offentsichtlich immer mehr von der Basis zu entfernen, wenn „BILD-Leser zur Lage der Nation" (Schlagzeile vom 8.3.1993) befragt werden und wenn voll Entrüstung auf Seite 2 in der Überschrift hingewiesen wird: „Lesen Sie mal, in welcher Preis-Traumwelt die da oben (!) leben."

Von bescheidenen Arbeitern, die hoch hinaus wollen, vom redlichen Arbeitsmann, der der Gewerkschaft mißtraut (K. Blum, S. 55ff), von „Roten", die aber zugleich von der Industrie hochbezahlt werden (K. Blum, S. 57) ist in der realen Berichterstattung offensichtlich nicht mehr (so offenkundig?) die Rede und scheint auch nicht mehr zeitgemäß zu sein. Ist die ZEITUNG in Bölls Erzählung noch bemüht, den Ruf ehrenwerter Menschen/Politiker trotz deren offensichtlicher Verfehlungen zu schützen, so werden letztere heutzutage vom realen Medium schonungslos offengelegt:

Der Sturz Möllemann –
ein jämmerlicher Lügner
(BILD, 4.3.1993)
Neue Brief-Affäre
Kippt jetzt Frau Schwaetzer?
(BILD, 9.3.1993)

Die aufgeführten Beispiele lassen, auch wenn sie nicht den Anspruch erheben können, repräsentativ zu sein, zumindest eine Tendenz erkennen, die auf eine veränderte Darstellung von Arbeitnehmerinteressen hinweisen bei zugleich kritischerer Betrachtung von Politikern und Industrie bzw. Arbeitgebern. Die möglichen Gründe sind oben angeführt.

Kapitel 10 (Didaktisch-methodische Überlegungen) zeigt unter Punkt 4 / Mögliche Anschlußgebiete weitere Aspekte auf, unter denen zwanzig Jahre nach Erscheinen der Erzählung Veränderungen, Parallelen oder erhaltene Strukturen aufgezeigt werden können.

Der Sturz

Jürgen W. Möllemann (47) vor der Presse: Augen weit aufgerissen, Mund geöffnet.

Montag, 4. Januar 1993 Nr. 2/1 C 5754 A 60 Pf

BILD
UNABHÄNGIG · ÜBERPARTEILICH

Möllemann - ein jämmerlicher Lügner

Roter Schlips, straffe Stimme – 25 Minuten lang redete gestern Wirtschaftsminister **Jürgen W. Möllemann** (47), gab in langen Wendungen zu, was er bisher eisern bestritten hatte: daß er den **Werbebrief für seinen Vetter doch persönlich unterschrieben hat.** Jämmerliche Ausrede: Er habe mit diesem Brief Behinderten helfen wollen, durch Zufall sei diese Passage im Brief weggefallen. Morgens hatte er **Kanzler Kohl seinen Rücktritt übermittelt,** Kohl nahm an. Möllemann wird auch nicht für den FDP-Vorsitz kandidieren. Was Möllemann in den letzten Stunden vor dem Sturz machte, wer neuer Wirtschaftsminister werden soll, auf den **Seiten 2 und 3.**

BILD-Leser zur Lage der Nation

Dies wird eine der wichtigsten Wochen des Jahres: Bonn entscheidet über ● **Solidarpakt** und ● **Steuererhöhungen**, es geht um ● **Wirtschaftsaufschwung** und den Kampf gegen die ● **Arbeitslosigkeit. Wie ist die Lage der Nation?** BILD fragte die Menschen auf der Straße, z.B. **Werner Süßmilch** (65), Rentner aus Berlin-Hohenschönhausen: „Alles wird teurer. Die Miete, die Pacht für die Laube, das Wassergeld. Im November bin ich Rentner geworden, bis heute habe ich noch keinen Pfennig überwiesen bekommen.“ ● **Die BILD-Leser: Seite 2**

BILD fragte Politiker: Was kosten Brot, Milch und...?

Lesen Sie mal, in welcher Preis-Traumwelt die da oben leben

Von UTE BRÜSSEL

Sie reden von Milliarden wie Kinder über Smarties. Sie erhöhen Steuern, erfinden Vignetten, Postleitzahlen. Aber was wissen unsere Politiker vom täglichen Leben? 6 im BILD-Test: Was kosten Brötchen (35 Pfennig), wieviel ein Kondom (1 Mark).

Total ahnungslos: **Sozialminister Norbert Blüm** (CDU). Kinokarte: 6 Mark (statt 12 Mark). Markenjeans („trage ich nicht“) würde er für 80 – statt 150 Mark kaufen. Das Taxi fährt für 50 Pfennig pro km (tatsächlich: 2 Mark). Für eine Tüte Gummibärchen zahlt er 4 (statt 1,89). Blüm-Antwort zum Kondom: „Was ist das?“

Forschungsminister Matthias Wissmann (CDU) ist Single. Er kauft alles selber ein. Ein Experte, hat fast alle Fragen richtig beantwortet. Falsch nur beim Kino („war dort seit Jahren nicht“) und beim Benzin: „1,30 Mark?“ (1,42 Mark). Kondompreis? „Muß ich passen.“

Bundesbauministerin Irmgard Schwaetzer (FDP) hat „wenig Zeit“, selbst einzukaufen. Kinokarte richtig, Tüte Gummibärchen auch. Beim Bier („trinke Kölsch“) ein Fehler: Sie glaubt, es kostet noch 1,50 Mark (tatsächlich: 0,2 l = 1,90 DM). Sie paßt (als einzige) bei Curry-Wurst mit Fritten (4,50 Mark): „Esse ich nie.“ Ein Liter bleifrei Super kostet in ihrem Kopf 1,60 Mark.

SPD-Finanzexpertin Ingrid Matthäus-Maier (2 Kinder). Familien-Finanzchefin. Weiß, was Jeans, Currywurst mit Fritten und Kinokarten kosten. Paßt beim Bier: „Ich trinke in Kneipen keinen Alkohol“ und beim Kondom: „Ich nehme die Pille.“

Finanzminister Theo Waigel (CSU) kommt bei Taxi-km („Ich darf aus Sicherheitsgründen nicht Taxi fahren“) ins Schleudern: keine Ahnung. Milch hat er lange nicht getrunken: 1 Liter würde er für ,20 kaufen (richtig: 1,69 Mark). Ansonsten alles richtig, von Weizenbier (½ Liter ,50 Mark) bis Brötchen (35 Pf – der einzige Preis, den alle 6 übrigens richtig hatten)

Familienministerin Hannelore Rönsch (CDU) patzt bei Milch: 1,19 statt 1,69 pro Liter. Bei BILD (60 bzw. 70 Pfennig) sagt sie: „40 Pfennig“. Die Familienministerin hat „keine Ahnung“, wieviel ein Kondom kostet.

„Spiel der Bosse ist Teufelswerk!“

Fortsetzung von Seite 1

Siegen/Duisburg – **In Richtung Dortmund lief minutenlang nichts mehr auf der „Sauerlandlinie“: 2 000 Krupp-Stahlkocher mit 400 Autos, Lastern und Bussen blockierten die Fahrbahn, besetzten die Raststätte „Sauerland-Ost“.**

250 Polizisten hatten vorher Flugblätter ausgeteilt: Haltet die Autobahn frei. Aber die Wut der Kruppianer und ihre Angst um 4 200 Arbeitsplätze waren zu groß . . .

Schnell lief ein Riesenstau auf. Schon auf der Fahrt von Hagen und Siegen kam es wegen des langsamen Konvois „zu Vollbremsungen und gefährliche Aktionen durch schneller fahrende Wagen“, klagte die Polizei. Sie zeichnete die Blockade per Videokameras auf, erstattete erste Strafanzeigen.

Erich Müller (KS Siegen): „Das war erst der Anfang. Die nächste rollende Demonstration ist im Anmarsch.“ Erwin Eberling (KS Hagen-Vorhalle): „Gemeinsam sind wir stärker als die Bande da oben.“

Krupp-Stahl-Gesamtbetriebsrat Herbert Kastner kündigte für den 4. März eine 24-Stunden-Mahnwache vor der Essener Krupp-Zentrale an.

Kumpel und Stahlkocher schweißten zusammen

Auf der verschneiten Rheinhausener „Brücke der Solidarität“ protestierten über 10 000 Menschen gegen einen „Kahlschlag im Revier“ – Stahlarbeiter aus dem ganzen Ruhrgebiet, Bergleute vom Niederrhein, Chemie-Arbeiter, Schüler, Hausfrauen . . .

Symbol für den Schulterschluß: Stahlkocher und Kumpel schweißten gemeinsam eine 12 Tonnen schwere Stahlbramme von Krupp, Drahtrollen von Thyssen und eine mit Kohle gefüllte Lore der Zeche Walsum zusammen.

Duisburgs IG-Metall-Chef Peter Gasse appellierte an Kanzler Kohl: „Lassen Sie Stahl nicht absaufen! Geht es mit dem Stahl abwärts, werden viele mit in den Sog gerissen.“

Die stärksten Worte fanden die Pfarrer. ● Fritz Bösken (katholisch): „Das Spiel der Bosse ist Teufelswerk. Für sie sind Menschen belanglos, Abfallprodukte. Man sollte ihnen für jeden abgebauten Arbeitsplatz 10 Mark Gehalt abziehen.“ **● Dieter Kelb (evangelisch):** „Es ist die Zeit der Wölfe – zurück in die Steinzeit des Kapitalismus. Die Wehrlosigkeit macht uns zornig. Wir stehen hier für das ganze Revier.“

Stahlkocher und Kumpel schweißten auf der Brucke gemeinsam eine Kohlelore an eine Stahlbramme – Symbol fur den Schulterschluß „gegen den Kahlschlag im Revier“. Foto JORG BUSCHMANN

Totales Flughafen-Chaos · Urlauber nicht in die Sonne ● Der Müll stinkt zum Himmel

● Das Ausland wundert sic... nur noch ● Times: Deutsche fett, faul, krank ● Heute 18 Uhr: Alles hängt an Frau Wulf-Mat...

Mittwoch, 6. Mai 1992 Nr. 106/19 C 6784 A

Bild
UNABHÄNGIG · ÜBERPARTEILICH

Seit zehn Jahren ÖTV-Chefin: Monika Wulf-Mathies

Gnade Monika

Der 9. Tag des Streiks – schlimmer als alle anderen zuvor. Kaum noch Flugzeuge am Himmel, Total-Chaos am Boden. In den Flughäfen drängten sich wütende Passagiere, termingeplagte Geschäftsleute, enttäuschte Urlauber, deren Hoffnung auf Sonne und Freizeit unter den Streikparolen der ÖTV zerrann. Frankfurt, Europas größter Flughafen, wurde zum größten Busbahnhof der Welt. Der Müll stinkt zum Himmel. Am Düsseldorfer Großmarkt Seuchengefahr: Ratten laben sich an den Abfallbergen. Mit ungläubigem Staunen schaut das Ausland auf uns. Die Londoner „Times“ (angesehenste Zeitung der Welt) beurteilt die Deutschen als fett, faul, krank: „Der Wille zur Tüchtigkeit wurde ersetzt von einer tiefen Anhänglichkeit ans Urlaubmachen, Krankfeiern und das generelle schöne Leben.“ Heute fällt die Entscheidung, o... land noch tiefer ins Chaos ... Uhr neue ÖTV-Tarifrunde. A... jetzt an ÖTV-Chefin Wulf M... geplagte Nation hofft und ... de, Monika! **● Große Streikb... den Seiten 2 und 3.**

Steuern! Du zahlst dich grün & blau

Deutschland - bald nur noch ein Land für Millionäre?

Dienstag, 9. Februar 1993 Nr. 33/6 C 8756 A ★★★★ 60 Pf

Die Sparpläne aus Bonn verbittern die Deutschen. „Kannst du in unserem Land nur noch als Millionär leben?" fragte BILD Leser. Neuer Schlag: Autobah…

Und die Inflation frißt die mageren Lohnerhöhungen weg. BILD-Leserin **Sabine G.**, Heimstetten: „Ich seh' nicht ein, daß ich …

Wut über Streich-Liste

Herr Waigel, warum auf die Kleinen?

Von RICHARD VOELKEL

Proteststurm gegen die **Sparliste,** mit der sich Bonn sanieren will. **Arbeitslosenhilfe, Kindergeld, Wohngeld** – überall Streichungen. Zinssteuer auf **Lebensversicherungen** …

Finanzminister **Waigel**: Liste ist gefälscht, wurde auf einer SPD-Schreibmaschine geschrieben …

… auf Computern. Die sind so programmiert, daß solcher Grusel nicht raus kommt!

… rung will die **Kleinen abkassieren!** Reaktionen, Interview mit Finanzminister Theo Waigel (CSU) …

Samstag, 9. Januar 1993 Nr. 7/1 60 Pf

Bild

UNABHÄNGIG · ÜBERPARTEILICH

Neue Brief-Affäre

Kippt jetzt Frau Schwaetzer?

Von ROLF BIER

Bauministerin warb für Immobilien-Riesen

Knapp eine Woche nach dem **Rücktritt** von Wirtschaftsminister **Möllemann** (FDP) wieder eine **Briefaffäre** in Bonn. Diesmal verwickelt: Möllemanns Parteikollegin und **Intimfeindin Irmgard Schwaetzer** (50). Die **Bauministerin** wirbt in einem **persönlich unterschriebenen** Artikel für die Münchener **Immobilien-Vertriebsgesellschaft GERMANIA:** „Die GERMANIA **kann** ... auf dem Gebiet der **Wohn- und Gewerbeimmobilien wertvolle Dienste leisten.**" Wer bei der Firma anruft, dem werden u. a. „teilweise **entmietete** Altbauwohnungen in Berlin angeboten. **Was Frau Schwaetzer dazu sagt, Reaktionen – Seite 2**

Arbeitsmarkt im Sturzflug

... Bernhard ... Jagoda ... Ein Hammer ... bundesweit 3,45 Millionen ... Job! 325 000 mehr als im Dezember ... Drohen 4 Millionen? ... Öffentlichen Dienst ... Bundesbank ... (BILD ...) ... Was das für alle bedeutet: Seite 2

„Zur Sache, Kanzler": Warum nicht 1 Stunde länger arbeiten?

Gestern abend bei SAT 1: „Zur Sache, Kanzler" – **Helmut Kohl** im Kreuzverhör. Es ging um die wichtigsten **Sorgen** der **Deutschen**. Was der Kanzler sagt:

Wirtschaftskrise: Wir haben **über** unsere **Verhältnisse** gelebt und müssen die Dinge jetzt wieder normalisieren.

Arbeitszeit: Ich persönlich bin der Meinung, daß wir viel, viel weiterkommen, wenn wir sagen würden, wir bleiben bei dem, was wir jetzt haben oder wir arbeiten sogar **eine Stunde länger** – was das Glück keines Menschen im Lande beeinträchtigen würde.

Neue Steuern: Jeder, der jetzt von Steuererhöhungen redet und nicht zuerst vom **Sparen** und Umschichten, muß wissen, daß die Konjunktur dann **abgetötet** wird.

Autobahngebühr: Der **Verkehrsinfarkt** steht uns ins Haus. Wir brauchen neue Autobahnen, das läßt sich aus dem Steuersäckel nach bisheriger Art nicht finanzieren.

3 % für ÖTV: Es ist das Äußerste, was wir im Augenblick aus der Staatskasse leisten können. Wir werden bei den Beamten in der nächsten Woche die **Tarifentscheidung** treffen und die Höhe wird mit Sicherheit nicht die gleiche sein, wie bei diesem Abschluß.

Ausländerfeindlichkeit: Ich **widerspreche** der These, daß die Deutschen ausländerfeindlich sind.

3 % mehr Lohn | 3,45 Mio Arbeitslose | Aktien steigen

Werden die Reichen immer reicher ... und die Armen immer ärmer?

Von ROLF BIER

● **Arbeitsmarkt** im Sturzflug, 3,45 **Millionen** bundesweit ohne Job. ● Höchstens **3 % mehr Lohn / Gehalt**, siehe öffentlicher Dienst. Inflation (4,4 %) frißt alles. ● **Lichtblick:** Die Zinssenkung kurbelt an. Gleichzeitig sinken Sparzinsen. Werden nur noch die **Reichen** reicher?

● **Tarife.** Lohnlokomotive ÖTV. **Monika Wulf-Mathies** holt das raus: 3 % mehr Geld, 10 Mark Kinderzuschlag bis 3100 Mark brutto (gilt zunächst nur für den Öffentlichen Dienst, für Bahn, Polizei, Post und Erzieher). **Signal** für alle anderen: Banken, Bergbau, Bau, Chemie, Handel. 3 % – für die Beschäftigten ein **dickes Minus**. Denn die **Inflation** holt sich mehr (Januar 4,4 %, Wirtschaftsminister Rexrodt erwartet übers Jahr 3,5). Facharbeiter **Jürgen Baumann** (27, verheiratet, 3000 Mark brutto), hätte bei 3 % Lohnerhöhung im Jahr **netto 640 Mark** mehr, die Inflation frißt aber von seiner **Nettokaufkraft 1150 Mark**. Verlust: **510 Mark**. Auch ihn trifft der **Solidarpakt** in den nächsten Jahren: Ergänzungsabgabe, höhere Spritsteuer, Autobahngebühr. Baumann: „Da hast du einen Job, kannst aber trotzdem die nächste **Mieterhöhung** nicht mehr bezahlen. Du kommst dir vor wie ein Bettler."

● **ARBEITSLOSE.** Im Januar **2,25 Millionen Arbeitslose** im Westen, plus 232 000, im Osten plus 93 600 auf 1,19 Millionen, insgesamt **die höchste Arbeitslosenzahl seit der Wiedervereinigung** 1990. **Heinrich Franke**, Ex-Präsident der Bundesanstalt für Arbeit, hatte im Westen für **dieses Jahr 300 000 zusätzliche Arbeitslose** vorhergesagt: schon fast eingetroffen! Behält womöglich Arbeitgeberpräsident **Murmann** recht? Er sah rabenschwarz: **3,5 Millionen** ohne Job. Der **Job-Abbau geht erstmal weiter**. Automobilindustrie **35 000**, Stahl **50 000**, Maschinenbau **60 000**, Elektro **20 000**. Neue **Kurzarbeit** bei Mercedes: Zusätzliche Tage im März. Konjunktur im **Keller, Auftragsflaute**. Wirtschaft **ankurbeln?** Udo Reimer (51), Facharbeiter, seit 5 Wochen arbeitslos: „Von was denn? Ich hatte vorher 3700 Mark, jetzt gerade 1900." Er zittert vor dem **Solidarpakt**: Arbeitslosengeld und -hilfe, Wohngeld werden gekürzt.

● **Zinsen.** Der Zinszünder von Frankfurt (**Leitzinsen auf 8/9 % runter**) ließ **Aktienkurse explodieren**. Anleger, Spekulanten **jubeln**. Der Aktienindex (DAX) legte gestern 2,4 % zu (an **einem einzigen** Tag fast so viel wie die ÖTVler **im ganzen Jahr** mehr kriegen!). Wer z. B. 40 000 Mark (= Arbeiter-Jahresgehalt) in **Aktien** hat, schob gestern 980 Mark ein – steuerfrei. Wall Street mit **Dow-Jones** von 3416 Punkten – **Rekord!** Die Deutsche Bank: Wir geben die Zinssenkung voll an den **Verbraucher** weiter. Rentner Rudi Höfer (67): „Hoffentlich auch **die Kreditzinsen.**" Das will Bundesbankchef **Schlesinger**: Niedrig-Zinsen sollen **die lahme Wirtschaft** ankurbeln. Der Dollar in 3 Tagen um 3 Pfg hoch, auf 1,65 Mark – gut für **unseren** Export. Umfrage unter 100 Managern: **sie** erwarten den **Aufschwung** 1994 – Gut für Arm **und** Reich. Übrigens: 1992 verdienten die **Arbeitnehmer** 6 % mehr, die **Unternehmer** 0,7 %.

7.2.5. Zusammenfassung

Zurück zur Ausgangsfrage: Ist Heinrich Bölls Erzählung ein Spiegelbild bundesrepublikanischer (Presse)wirklichkeit oder ein Phantasiegebilde, ein „Konglomerat von Wehleidigkeit und Aggressivität"? (Die Welt, 16. 8. 1974)

Schwerlich ableugnen lassen sich Ähnlichkeiten in den Verfahrensweisen der fiktiven „ZEITUNG" und der „Bild"-Zeitung. Zu auffällig sind die angeführten und darüber hinaus nachweisbaren Analogien. So waren längst vor dem Erscheinen dieser Erzählung Verfahrensweisen und Strategien der „Bild"-Zeitung Gegenstand von Untersuchungen und Analysen.[76]

Doch keine dieser Untersuchungen fand – vor allem bei dem Springer-Konzern – so starken Widerhall wie Bölls Erzählung. Springers „Welt" weigerte sich, die Ankündigung des Vorabdrucks der Erzählung im „Spiegel" als Werbeanzeige aufzunehmen, (Vgl. „Spiegel", Nr. 50, 28. Jg. 1974, Hausmitteilungen), rückte den Autor in die geistige Nähe der bombenlegenden Baader-Meinhof-Bande, (Vgl. „Die Welt", 16. 8. 1974) ließ die Bestsellerliste solange nicht mehr veröffentlichen, wie Bölls Erzählung diese Liste als Spitzenreiter anführte, verlangte schließlich vom „Spiegel" eine Erklärung, nicht mehr weiterhin im Zusammenhang mit der Erzählung die „Bild"-Zeitung mit Schlagzeilen über den Fall „Katharina Blum" abbilden zu wollen.[77]

---

[76] Vgl. dazu Erich Küchenhoff, *„Bild"-Verfälschungen,* (Frankfurt 1972)
H.-D. Müller, *Der Springer-Konzern,* (München, 1968)
G. Wallraff, *Neue Reportagen, Untersuchungen und Lehrbeispiele,* (Reinbeck/Hamburg, 1974)
Kapitalismus und Pressefreiheit, Am Beispiel Axel Springer, (Europäische Verlagsanstalt, I.A. des Republikanischen Klubs Berlin).

[77] Vgl. „Der Spiegel", Nr. 35, 26. Aug. 1974. Der Zeichner Klaus Vogelgesang hatte den Vorabdruck der Erzählung im „Spiegel" illustriert, wobei er die „Bild"-Zeitung mit Schlagzeilen über den Fall „Katharina Blum" darstellte.

Der Axel Springer-Verlag fühlte sich angesprochen, und er setzte sich zur Wehr. Doch besteht für ein Presseimperium, wie es dieser Verlag verkörpert, überhaupt die Notwendigkeit, sich mit seinen Kritikern auseinandersetzen zu müssen? Diese Frage führt zu der komplexen Problematik der Massenpresse in der heutigen Zeit.

7.2.6. Pressekonzentration und Meinungsfreiheit

Auf die sachlich-objektive Berichterstattung der „Umschau" hingewiesen entgegnet Katharina Blum: „Wer liest das schon? Alle Leute, die ich kenne, lesen die ZEITUNG!'" (S. 83/84) So zeigt sie sogar Verständnis für die Reaktion der Leute: „Wie sollen [sie] denn auch wissen, daß das alles gelogen ist." (S. 188)

Die freie (politische) Meinungsäußerung, für die Generationen über Jahrhunderte gekämpft haben, hat im Grundgesetz für die Bundesrepublik Deutschland Eingang gefunden. Artikel 5 GG, Absatz 1 lautet:

> Jeder hat das Recht, seine Meinung in Wort, Schrift und Bild frei zu äußeren und zu verbreiten . . . Die Pressefreiheit und die Freiheit der Berichterstattung durch Rundfunk und Film werden gewährleistet.

Pressefreiheit hat aber da ihre Schranken, wo das „Recht der persönlichen Ehre" auf dem Spiel steht. (GG Art. 5, Abs. 2) Daß gerade in dieser Hinsicht die Sensationspresse, allen voran die „Bild"-Zeitung, zuweilen unbekümmert verfährt und am Rande der Legalität arbeitet, ist hinreichend bekannt. Eine konsequentere Ahndung von Verstößen ist daher unumgänglich, soll es nicht einmal zu einem wirklichen Fall „Katharina Blum" kommen.

Trotz verfassungsrechtlicher Garantie ist die Presse- und Meinungsfreiheit Gefährdungen ausgesetzt, „die mit den Stichworten 'Massenpresse', 'Pressekonzentration', 'Innere Pressefreiheit' gekennzeichnet werden."[78]

---

[78] Hartwich/Horn/Grosser/Scheffler: *Politik im 20. Jahrhundert,* (Braunschweig, 5. Aufl. 1975), S. 208.

Die Explosion von Lohn- und Materialkosten, verbunden mit dem Rückgang an Werbeanzeigen haben zu einer starken Konzentration im Pressewesen geführt. Kapitalstärke bestimmt, wer in welcher Auflagenstärke Zeitungen und/oder Zeitschriften herausgibt.

Auf die Gefahren, die mit der Konzentration von Presseorganen in wenigen Händen heraufbeschworen werden, machte der Journalist Paul Sethe (1901 - 67) in einem Interview mit dem Nachrichtenmagazin „Spiegel" aufmerksam:

> Pressefreiheit ist die Freiheit von zweihundert reichen Leuten, ihre Meinung zu verbreiten. Frei ist, wer reich ist. Das Verhängnis besteht darin, daß die Besitzer der Zeitungen den Redakteuren immer weniger Freiheit lassen, daß sie ihnen immer mehr ihren Willen aufzwingen.[79]

Im Klartext heißt das: Wenige Großverleger bzw. -verlage[80] nehmen für sich in Anspruch, Träger öffentlicher Meinung zu sein. Ihr politisches Konzept ist für Journalisten und Redakteure maßgebend. Damit wird die „Innere Pressefreiheit" weitgehend eingeengt; von einem Pluralismus der Meinungen kann nicht mehr die Rede sein.

Das „Einschwören" der Redakteure auf die politischen Vorstellungen des Verlegers scheint in besonderem Maß für den Springer-Verlag zuzutreffen. Zu dieser Feststellung kommt der ehemalige Generalsekretär der FDP und Bundestagsabgeordneter K.-H. Flach bezüglich der großen Regierungskrise im Herbst 1966. K.-H. Flach in der „Zeit" (24. 2. 1967):

> Während der . . . Regierungskrise gab es in der deutschen Presse eine bunte Vielfalt von Meinungen, (....) nur die Organe des Hauses Springer kamen merkwürdigerweise . . . alle zur gleichen Meinung . . ."[81]

---

79 Paul Sethe, Leserbrief im „Spiegel", 19. Jg., 5. Mai 1965.

80 Den Hauptanteil an Presserzeugnissen in der BRD teilen sich vier Verlagsgruppen: Bauer, Springer, Burda, Gruner & Jahr.

81 Interview in der „Zeit", 24. Februar 1967 mit Karl-Herrmann Flach; zitiert in: Ludwig Helbig, *Politik im Aufriß* 2, (Diesterweg, 1. Aufl. 1975), S. 168.

Die knappen Ausführungen zeigen, daß die Konzentration von Presseorganen in wenigen Händen die Vielfalt der Meinungen einengt; darüber hinaus verhilft sie politisch engagierten Verlegern, der Masse des Volkes ihre Meinung permanent aufzudrängen. In besonders auffälliger Weise wird dies von der „Bild"-Zeitung praktiziert. Die besondere Konstellation dieser Zeitung beruht auf der Erkenntnis, daß

> die besitzlose Masse . . . mit detaillierten Informationen, mit Zeitungen für den Intellekt, nichts anfangen [kann], sie braucht in der . . . unübersichtlich gewordenen Welt inneren Halt und klare Weisungen.[82]

Indem „Bild"

> . . . dem Leser das Ordnen, Sichten und Bewerten der Ereignisse, welche die gegenwärtige Welt repräsentieren, ab [nimmt],[83]

kommt sie seinem Verlangen nach einer begreifbaren Welt entgegen. Soziologisch und psychologisch geschulte Redakteure sorgen dafür, daß das gesichtete und bewertete Material im Sinne des Verlegers der „Bild"-Leserschaft – täglich über 11 Millionen – nahegebracht wird.[84]

Damit werden die „drei politischen Funktionen der Massenmedien"[85], Information, Mitwirkung an der Meinungsbildung, Kontrolle und Kritik, weitgehend darauf reduziert, die Meinung der Leserschaft im Sinne des Verlegers zu steuern. Hierfür liefert „Bild" täglich den Beweis: Der Informationsgehalt ist äußerst gering, Mithilfe bei der Meinungsbildung beschränkt sich auf einseitige Pole-

---

82 H.D. Müller, *Der Springer-Konzern,* a.a.O., S. 50.

83 Ludwig Helbig, *Politik im Aufriß 2*, (Diesterweg, 1. Aufl. 1975), S. 164. Zitiert nach P. Jordan, *Presse und Öffentlichkeit,* (Frankfurt/M./Berlin/München 1970), S. 53.

84 Vgl. dazu Kap. 7 dieser Arbeit, „Zeitgenössische Bezüge".

85 Der Kultusminister des Landes Nordrhein-Westfalen, *Politik,* Planungsmaterial für den Politik-Unterricht 6, *„Information oder Manipulation?"* Aufgaben und Arbeitsweisen der Massenmedien, (Düsseldorf/Stuttgart, 1. Aufl. 1975), S. 26. Zitiert nach Herrmann Meyn, *Massenmedien in der Bundesrepublik*, (Berlin 1968, erw. Neuaufl. 1974).

mik, Schwarz-Weiß-Malerei und Vereinfachungen, Kritik gilt zumeist unliebsamen Personen und Parteien.

Unbestritten ist, welch nachhaltigen Eindruck gerade bei naiven und leichtgläubigen Lesern diese Art von Information hinterläßt, welche Urteile und Vorurteile herangebildet werden. Daher genügt es nicht, diese Art Zeitungen genau zu beobachten und gelegentlich grobe Verstöße zu ahnden. Der Staat ist aufgerufen, die rechtliche Position von Massenjournalismus, Pressekonzentration und das Verhältnis zwischen Verleger und Journalisten zu überprüfen.

Die Vielfalt der Meinungen, innere und äußere Pressefreiheit unter Berücksichtigung der persönlichen Ehre könnten sonst zu Phrasen werden.

7.2.7. Schlußwort

Mit seiner Erzählung hat Heinrich Böll die gesellschaftlich bedeutsame Thematik „Pressewesen“ aufgegriffen und literarisch aufgearbeitet. Sein Blick gilt dabei einem Teilbereich, der mit den Begriffen „Sensationsjournalismus, Boulevardpresse, Regenbogenpresse“ u.a. gekennzeichnet wird. Daß dem Autor bei der Schilderung gewisser journalistischer Praktiken Ähnlichkeiten mit der „Bild“-Zeitung als unvermeidlich erscheinen, muß auf autobiographischem[86] und ideologischem Hintergrund gesehen werden. Es sollte bekannt sein, wie sehr die gesellschaftspolitischen Vorstellungen des Schriftstellers Heinrich Böll und die des Verlegers Axel C. Springer auseinanderklaffen. Damit könnte Böll der Vorwurf gemacht werden, die Problematik zu einseitig aus seiner ideologischen Sicht darzustellen; unberücksichtigt bleiben Presseerzeugnisse anderer „politischer couleur“, die nach ähnlichem Verfahren arbeiten.[87]

---

[86] Vgl. Kapitel 2 dieser Arbeit.

[87] Der Vorwurf, ideologisch zu polemisieren und einseitig zu informieren wird vor allem erhoben gegen die sozialistisch orientierte „UZ“ (Unsere Zeitung, in der BRD gedruckt und vertrieben), gegen die „Nationalzeitung“, in weitestem Sinne auch gegen den „Bayernkurier“.

Ein Vergleich von Auflagenhöhe, Leserzahl und Vertriebsmöglichkeiten ließe erkennen, weshalb der Autor die Auseinandersetzung gerade mit der „Bild"-Zeitung sucht, die der ehemalige Regierungssprecher Conrad Ahlers einmal als „Kampfpresse" tituliert und dies so begründet hat:

> Es ist eine Presse, die Nachrichten verfälscht und die eine Art von Polemik betreibt, die . . . mit dem, was wir im Artikel 5 (GG) unter Meinungsfreiheit . . . verstehen, kaum noch zu vereinbaren ist . . .[88]

Hier sind auch Bölls Seitenhiebe auf den Staat einzuordnen, der diese fragwürdigen publizistischen Praktiken toleriert; fragwürdig (für H. Böll) besonders dann, wenn politische Minderheiten – hier Kommunisten in der BRD – ständig Hetzkampagnen der „Bild"-Zeitung ausgesetzt sind.

Als Anspielung auf die umstrittene Notstandsgesetzgebung Ende der 60er Jahre muß die „Abhörsatire" (Kap. 41) verstanden werden. Die rechtlich sanktionierte Außerkraftsetzung von Grundrechten im Notstandsfall hatte in breiten Bevölkerungskreisen heftige Kritik hervorgerufen. Man befürchtete „Gesinnungsschnüffelei" und Bespitzelung, knüpfte gar Beziehungen zu Überwachungsmethoden des 3. Reiches an. Besonders intellektuelle Kreise bildeten die vorderste Front der Kritiker.

Engagement gegen die Notstandsgesetzgebung und eigene Erfahrung mit der staatlichen Überwachung bilden somit die Grundlage für eine sicherlich überzeichnete Darstellung staatlicher Ermittlungs- und Überwachungspraktiken in der Erzählung.

Nicht übersehen werden darf auch der Hieb gegen die Kirche, der in der Darstellung des Pfarrers von Gemmelbroich (Kap. 22/50) Ausdruck findet. Galt bisher Bölls Kritik vorwiegend der Institution Kirche, so richtet sie sich hier gegen eine politisierende Kirche; ihre

---

[88] Ludwig Helbig, a.a.O., S. 155. Zitiert aus einem Rundfunkinterview mit Regierungssprecher Conrad Ahlers, (2. Februar 1970).

unversöhnliche Haltung gegenüber dem Sozialismus ist schwerlich in Übereinklang zu bringen mit dem christlichen Grundgedanken der Nächstenliebe.

An dieser Stelle muß einer möglichen Fehlinterpretation begegnet werden. Heinrich Bölls Kritik erwächst auf dem Fundament eines freiheitlich-demokratischen Rechtsstaates, zu dem er sich klar bekennt. Daher bezieht sich seine Kritik nicht auf das System selbst, sondern auf Mißstände in diesem System, Mißstände, die beseitigt werden müssen.

Es bleibt die Frage, ob und wie die angesprochenen Mißstände beseitigt werden können. Der Kunst scheint der Autor geringe Chancen einzuräumen. Als der Künstler Frederick Le Boche – „boche" (frz.) ist die *verächtliche* Bezeichnung für den Deutschen (für den Künstler in Deutschland??) – nach der Schlägerei zwischen Blorna und Sträubleder dessen Blut mit einem Löschblatt auffängt, um es zu einem „'One minute piece of art'" (S. 179) zu verarbeiten, bemerkt ironisch-resignierend der Erzähler: „Man sollte . . . erkennen dürfen, daß die Kunst doch noch eine soziale Funktion hat." (S. 179)

8. Die Aufnahme der „Katharina Blum"

Der hochpolitische Gehalt dieser Erzählung wie die eindeutige Stellungnahme des Autors müssen notwendigerweise zu schroffem Aufeinanderprallen von Meinungen führen. So bewegen sich die Kommentare zwischen Euphorie auf der einen („Endlich wird es denen einmal gezeigt!") und Ablehnung auf der anderen Seite, die bis zur Diffamierung des Autors reicht. Diese total gegensätzlichen Reaktionen resultieren aus der von Böll gestalteten Polarisierung der handelnden Personen – hier der schmierige Reporter Tötges als Handlanger einer gewalttätigen Presse, da die von dieser Presse psychisch vernichtete, vom Autor zur Idealgestalt erhobene Katharina.

Vernichtende Kritik kommt erwartungsgemäß aus dem Lager der Springer-Presse, der Bölls Angriffe gelten. Die „Welt“ wertet die Erzählung als ein „Konglomerat von Wehleidigkeit und Aggressivität“ ab. Sie stellt sich die Frage, ob Böll durch das Büchlein (!) den Baader-Meinhof-Prozeß zu beeinflussen gedenke und unterstellt ihm, er mache Stimmung für eine repressive Pressegesetzgebung.[89] Der „Vorwärts“ sieht in dieser Darstellung die eigene gesellschaftspolitische Position bestätigt und meint dazu unter dem bezeichnenden Titel „Die Kritiker lassen ihre Tarnkappen fallen“:

> Die Kritiker kommen aus ihren Löchern hervor, bekennen Farbe. Nicht nur Bölls Erzählung vom guten Menschen, der mit Kriminalität auf gesellschaftliche Zwänge – hier: die schmutzigen und zerstörerischen Praktiken der Boulevardpresse – reagiert, ist entlarvend, entlarvend sind auch die Kritiken, die sie gefunden hat. Insbesondere dort, rechts, wo man sich getroffen gefühlt hat.[90]

Die „Deutsche Volkszeitung“ als führende sozialistische Zeitung Westdeutschlands beurteilt das Werk durchaus positiv, macht dem Autor aber zum Vorwurf, daß er die Verhältnisse nicht näher ins Auge faßt und nicht nach Name und Ziel der Gewalt fragt. Ungeklärt sei geblieben, weshalb jede Beziehung Katharinas zu anderen „zu einer Verbindung mit dem Kommunistenkomplex“ gemacht werde.[91] „Die Zeit“ bezeichnet die Erzählung als ein „satirisches Pamphlet gegen kriminelle Formen der Meinungsbildung“. Sie wertet den politischen Aspekt des Werkes als überzeugend, kritisiert aber die Idealisierung der Katharina Blum, was “. . . bis an die Grenze des literarisch Zulässigen und Überzeugenden [geht].“[92]

Unter emanzipatorischem Aspekt betrachtet der Rezensent der „Südwest-Presse Ulm“ die Erzählung. Er vergleicht den Text mit

[89] Vgl. Günter Zehm, *„Heinrich der Grätige“*, Die Welt, Ausg. B., Berlin-West, 16. August 1974.

[90] Hanjo Kesting, *„Die Kritiker lassen die Tarnkappe fallen“*, Der Vorwärts, a.a.O., S. 13.

[91] Vgl. Hans Brender, *„Von der Unzerstörbarkeit der menschlichen Hoffnung“*, Deutsche Volkszeitung, 29. 8. 1974, S. 11.

[92] Rolf Michaelis, Die Zeit, a.a.O., S. 18.

einer Moritat von verlorener Frauenehre, bei dem dieses alte Muster emanzipatorisch angelegt ist:[93]

> Während früher die Frau vor der öffentlichen Meinung einen Fehltritt mit ihrem Leben büßen mußte, wodurch dann das Bild der verletzten Tugend wiederhergestellt erschien, geschieht hier die Verletzung durch das korrupte . . . Instrument der öffentlichen Meinungsbildung, der Boulevardpresse.

Hier aber verstände es die Frau, sich auf ein gestärktes Selbstbewußtsein gestützt, notfalls mit Gewalt zu wehren.[94]

Die „Allgemeine Zeitung Mainz"[95] wie die „National-Zeitung Basel"[96] kreiden dem Autor besonders an, er habe die Frage, wer solche Schreiber wie Tötges überhaupt in Bewegung setze, unbeantwortet gelassen. Es sei auch in keiner Weise angesprochen worden, weshalb eine Millionenzahl von Lesern sich täglich von dieser Art Presse berieseln lasse. (AZ-Mainz)

Schwarz-Weiß-Malerei, Idealisierung und Polemik sind die Ansatzpunkte der Kritik in der „Braunschweiger Zeitung". Was Böll sich geleistet habe, habe mit der Wirklichkeit nicht mehr allzuviel zu tun; so vor allem die Figur des Boulevardpresse-Reporters, des Porschefahrenden und sich wie ein Ganove aufführenden Tötges.[97] Auch bei der Darstellung der Nebenfiguren wird Schwarz-Weiß-Malerei konstatiert: Der „kommunistenfressende, katholische Geistliche", der „Schlappschwanz von Unternehmer, der natürlich der CDU nahesteht,"[98] schließlich das „Vernehmungskommando" stellen für den Kritiker dieser Zeitung eher Phantasiegebilde als der Wirklichkeit entlehnte Figuren dar.

---

93 Vgl. K.F., *„Der neue Böll"*, Südwest-Presse Ulm, 31. 5. 1975

94 Ebenda

95 Vgl. Georg Ramseger, *„Bölls Rache-Entertainment"*, Allgemeine Zeitung Mainz, 17. August 1974.

96 Vgl. Nationalzeitung Basel, 24. August 1974.

97 Vgl. Wolf Scheller, *„Wie Heinrich Böll mit einer gewissen Presse abrechnet"*, Braunschweiger Zeitung, 22. August 1974.

98 Ebenda

Nicht unwidersprochen bleiben sollte ein Vorwurf, den die AZ-Mainz vom 30. 7. 1974 erhebt: „Er [Böll] hat mit seiner Mordsgeschichte [!] die gesamte Publizistik denunziert", „denn der Erzürnte schlägt den Sack und jeder weiß, daß er den Esel meint."[99]

Der Vorspann der Erzählung, Aufmachung der fiktionalen Zeitungstexte, unverwechselbare Ähnlichkeiten in der Namengebung – Die ZEITUNG und die SONNTAGSZEITUNG erwecken zweifellos Assoziationen mit BILD und BILD AM SONNTAG und nicht mit dem gesamten Komplex Publizistik – widerlegen eindeutig diese Behauptung. Schon eher ist die sehr verallgemeinernde, unqualifizierte Bemerkung desselben Kritikers als Verhöhnung und Diffamierung anzusehen, wenn er feststellt: „*Wer sonst* als Heinrich Böll schießt am anvisierten Ziel vorbei!"[100]

Keinen Zweifel an der Stoßrichtung Bölls hat dagegen der sozialdemokratische „Vorwärts", in dessen Kommentar sich deutlich die Übereinstimmung mit der Aussage der Erzählung spiegelt:

> Mit literarischen Mitteln ist es ihm [Böll] gelungen, einem Wirtschaftsimperium zu Leibe zu rücken, das sich als Meinungskartell für unangreifbar hält.[101]

Angesichts dieser Flut von Stellungnahmen wird deutlich, welchen Zündstoff diese Erzählung von Heinrich Böll in sich birgt. Kein Text erfuhr in den letzten Jahren soviel Aufmerksamkeit, soviel Zustimmung und Ablehnung zugleich. Wie unterschiedlich die Beurteilungen ausfallen, sei hier noch einmal an zwei gegensätzlichen Stellungnahmen aufgezeigt: Das „Düsseldorfer Handelsblatt" wertet die Erzählung als eine „Fallstudie, um die Mechanik journalistischen Machtmißbrauchs vorzuführen."[102] Die „Allgemeine Zeitung Mainz" macht ihm zum Vorwurf, diese der Thematik angemessene Art der Darstellung *nicht* gewählt zu haben: „Wenn dem Autor an einer

---

[99] MR., *„Bölls Rache"*, Allgemeine Zeitung Mainz, 30. Juli 1974.

[100] Derselbe

[101] Dieter Lattmann, *„Böll und sein Buch des Anstoßes"*, Vorwärts, Bonn, 15. August 1974.

[102] Uwe Schulz, *„Ein hochsensibles Menetekel der Macht"*, Düsseldorfer Handelsblatt, 16. August 1974.

polemisch 'aufklärenden' Erzählung lag, . . . dann war ihm die Strenge einer Fallstudie abzuverlangen."[103]

Nahezu unberücksichtigt bleibt bei vielen Rezensionen der literarische Aspekt der Erzählung. Ist es doch die Erzählweise Heinrich Bölls, die u.a. maßgeblich Reaktionen bei der Leserschaft hervorruft und sie emotionalisiert. Daher sollte gerade diesem Aspekt gebührender Raum bei einer kritischen Analyse eingeräumt werden.

Mit seiner Erzählung „Die verlorene Ehre der Katharina Blum" hat Heinrich Böll zumindest gezeigt, welche Wirkung die Literatur in ihrer Funktion als „Nachrichtenträger" und „Nachrichtenkonstituent" erzielen kann.

Es bleibt die berechtigte Frage, wen diese Erzählung erreicht. Die nur Literaturkennern verständliche Erzählweise, das in breiten Bevölkerungskreisen vorhandene Vorurteil gegen die immer noch so verstandene weltfremde „schöne Literatur", schließlich der unangemessen hohe Preis des Buches[104] tragen dazu bei, daß gerade die *Betroffenen* nicht erreicht werden: Die Leser der „ZEITUNG", der „BILD-ZEITUNG" und ähnlicher Gazetten.

9. Didaktisch-methodische Überlegungen

Den gesellschaftlichen Stellenwert der Thematik und Problematik „(Massen)presse, Pressekonzentration, Sensationspresse", die Bedeutsamkeit und Brisanz dieser Phänomene belegen eine Vielfalt von Sachtexten, die sich damit ausführlich befassen. Die Besonderheit dieser Erzählung liegt darin, daß sich ein Autor mit einem Teilbereich der Presse, dem Sensationsjournalismus, seinen Mechanismen und seinen gesellschaftspolitischen Intentionen *auf literarischem Wege* auseinandersetzt.

---

[103] Georg Ramseger, Allgemeine Zeitung Mainz, a.a.O.
[104] Seit Januar 1976 als Taschenbuch erhältlich.

Nicht intakte gesellschaftliche Verhältnisse – vom Staat tolerierte journalistische Praktiken, die zuweilen bedenkenlos die Grenzen der Legalität überschreiten – verursachen menschliches Fehlverhalten. Katharina Blum entgegnet dem Psychoterror einer sensationshungrigen und ideologisch polemisierenden Presse mit physischer Gegengewalt. Derartige Verfahrensweisen einer bestimmten Art von Presse und die Reaktionen darauf tragen nicht ausschließlich fiktiven Charakter. Ende der 60er Jahre versuchten demonstrierende Studenten, aufgewiegelt durch eine polemisierende und Forderungen der Studenten verhöhnende Berichterstattung der „Bild"-Zeitung, die Auslieferung dieser Zeitung zu verhindern. Ihre Parole „Haut dem Springer auf die Finger" fand starke Verbreitung vor allem in linken und linksliberalen Schülerkreisen. Die studentische Demonstration endete in einem Eklat: Scheiben wurden zertrümmert, LKWs in Brand gesteckt, Barrikaden erstellt und Straßenkämpfe ausgefochten.

Geht man davon aus, daß sich aus der Analyse fiktionaler Texte Einsichten in die jeweiligen gesellschaftlichen Verhältnisse und damit in die Bedingtheit eines Textes gewinnen lassen, so scheint Heinrich Bölls Erzählung dafür geradezu prädestiniert. Gerade bei diesem Text entfällt die historische Distanz des Lesers und damit auch Textentschlüsselung erschwerende Kontextbarrieren.

Bereits das Vorwort über die „Unvermeidlichen Ähnlichkeiten mit den Praktiken der „Bild"-Zeitung verweist den Leser auf den Schwerpunkt der Erzählung. Daß sich des Autors Andeutung ausgerechnet auf die „Bild"-Zeitung bezieht, hat verschiedene Gründe:

- Der biographische Anlaß (Bölls Auseinandersetzung mit „Bild" und anderen Springer-Publikationen)
- Die diffamierenden Kampagnen der „Bild"-Zeitung gegen den politischen Gegner (vor allem Kommunisten und ihre Sympathisanten)
- Die gesellschaftspolitisch konträre Position der „Bild"-Verantwortlichen und ihres Verlegers A. Springer auf der

einen, die Position des Schriftstellers H. Böll auf der anderen Seite

– Letztlich: Die Verfahrensweisen der „Bild"-Zeitung als Branchenführer dieses Pressegenres

Um dem Leser die Verfahrensweisen einer Boulevardzeitung durchsichtig zu machen, rückt Böll fiktive Zeitungsartikel in seine Erzählung ein. Diese Artikel sind kennzeichnend für den Stil einer Boulevardzeitung: Da wird übertrieben, verleumdet, fabuliert, verdreht, verfälscht, aufgebauscht, verketzert, manipuliert und indoktriniert, Emotionen erweckt, letztlich publizistische Gewalt ausgeübt.

Vergleicht der Leser der Erzählung die Inhalte der eingerückten Zeitungsartikel mit dem Erzählkontext, so werden ihm Verfahrensweisen und Intentionen der „ZEITUNG" durchsichtig.

Zur vollständigen Aufklärung des Lesers trägt auch die Erzählweise des Autors bei. Ständig unterbricht er den Erzählablauf, um das in der Rückblende Erzählte zu erklären und zu ergänzen, d.h. das Geschehen möglichst zu objektivieren. Die auktoriale Erzählerperspektive erlaubt ihm dieses Vorgehen.

Dennoch wird auch der Erzähler unsachlich angesichts der publizistischen Gewalt, die von „seiner" ZEITUNG ausgeübt wird. Er reagiert mit Ironie, die sich bis zum Sarkasmus steigert, mit vulgären Kraftausdrücken, die er den Betroffenen in den Mund legt, satirischen Einlagen und grotesken Überzeichnungen. Parteinahme für seine Erzählfigur drückt sich in ihrer Idealisierung und in der Kontrastierung der handelnden Personenkreise aus: Hier die skrupellose ZEITUNG, die hartherzigen und gefühllosen Vernehmungsbeamten und die heraufbeschworene öffentliche Meinung, da Katharina Blum samt ihres Bekanntenkreises, hilflos machtvollen Institutionen ausgeliefert.

So verleiht der Autor seiner Intention, Arbeitsweisen der Sensationspresse aufzudecken und dem Leser durchschaubar zu machen, in zweifacher Weise Nachdruck: Er kopiert den Stil einer Boulevardzeitung, indem er fiktive Zeitungsartikel, versehen mit den typischen inhaltlich-stilistischen Merkmalen dieser Presse, in seine Erzählung einrückt; gleichzeitig konfrontiert er diese Zeitungsartikel mit der Erzählweise des Erzählers. Dieser begleitet kommentierend das erzählte Geschehen teils in sachlichem, teils in emotionalem Sprachgestus. Letzteres, um mit denselben Mitteln, derer sich Boulevardzeitungen bedienen – einseitige Parteinahme, Überzeichnung, Kontrastierung, Emotionalisierung – Arbeitsweisen der Sensationspresse bloßzustellen, d.h. sie mit ihren eigenen Waffen zu schlagen.

Schließlich weitet der Autor seine Kritik aus, indem er das Panorama einer gefühllosen, korrupten und undurchschaubaren Gesellschaft zeichnet:

- Hintermänner, die nicht auszumachen sind (Lüding und Sträubleder/Unbekannte, die der „ZEITUNG" Vernehmungsergebnisse unbeauftragt mitteilen)
- Ein Staat, der die Arbeitsweisen der angesprochenen Presse toleriert, ja selbst mit ihr zusammenarbeitet; der selbst durch fragwürdige Abhörpraktiken die Privatsphäre des Bürgers verletzt
- Die Geistlichkeit, die sich an der Verketzerung des ideologisch-politischen Gegners beteiligt

Aus den obigen Ausführungen leiten sich die Lernziele ab, die sich auf die Erfassung von Entstehungsgeschichte, Gegenwartsbezug, Darstellungsweise und Intention des Autors beziehen:

Lernziele

Die Schüler sollen

- die gesellschaftliche Bedingtheit eines Textes an H. Bölls Erzählung nachvollziehen können

- die Erzählung als literarische Auseinandersetzung bes. mit dem Sensationsjournalismus begreifen
- Struktur des Textes, Erzählperspektive und Erzählweise beschreiben und in einen funktionalen Zusammenhang einordnen können
- Verfahrensweisen (inhaltlich und sprachlich) von Boulevardzeitungen aus den in die Erzählung eingerückten fiktiven Sensationsberichten ableiten
- Verfahrensweisen der fiktiven „ZEITUNG“ mit der realen „Bild“-Zeitung in Beziehung setzen und die Aussagen des Autors überprüfen
- den Grund dieser oder ähnlicher Verfahrensweisen im wirtschaftlichen *und* gesellschaftspolitischen Bereich sehen
- die dargestellte Wirklichkeit als eine Wirklichkeit begreifen, wie sie sich dem Autor aus seiner subjektiven Sicht darstellt; diese Darstellung mit dem eigenen Standort vergleichen und überprüfen, ob der Text Ablehnung oder Zustimmung hervorruft.
- aus heutiger Perspektive (1993) zeithistorische Aussagen überprüfen, mögliche Unterschiede, Veränderungen oder erhaltene Strukturen aufzeigen

Allgemein sollte gelten: Die Schüler sollen den Text engagiert befragen; etwa danach fragen, welche Bedeutung der Text für die überwiegende Mehrheit der Leser hat/haben sollte, ob das Gesagte nutzt oder schadet, ob es bestehende gesellschaftliche Verhältnisse kritisiert oder bejaht, die (notwendige) Veränderbarkeit dieser Zustände anspricht oder nicht; schließlich, welche Vorstellungen und Verhaltensweisen der Text nahelegt.[105]

---

[105] Vgl. Kritisches Lesen, Einführung ins Gesamtwerk, (M. Diesterweg, Frankfurt/Berlin/München), Nr. MD.-9005, S. 3.

Grundsätzlich sollte bei der Auswahl von Texten vom Erfahrungshorizont der Schüler ausgegangen oder die nötige Erfahrungsgrundlage geschaffen werden. Bölls Erzählung hat die Strategien der Boulevardpresse und die möglichen Wirkungen dieser Schreibweise zum Gegenstand. Die Erfahrungen, die sicherlich jeder Schüler der Sekundarstufen mit „Bild“ als der meistgelesenen Boulevardzeitung gemacht hat, dürften genügend Lesemotivation erzeugen und den Zugang zu dieser Erzählung erleichtern. Nun ist die Problematik dieses Textes weitaus komplexer. Angesprochen sind u.a. auch das Problem der Pressefreiheit („die Pressefreiheit dürfe nicht leichtfertig angetastet werden“/S. 88), Pressekonzentration (K. Blum: „Alle Leute, die ich kenne, lesen die ZEITUNG!“/S. 84), die Macht der Zeitungen, Meinungen ihrer Leserschaft zu steuern, schließlich der Antikommunismus als Folge der sich immer stärker abzeichnenden Polarisierung der Meinungen über die „richtige“ Gesellschaftsordnung. In der Erzählung ist es die ZEITUNG, die durch Polemik und Hetztiraden maßgeblich dazu beiträgt, diese Polarisierung zu verschärfen. Der Leser hat die Möglichkeit, zu überprüfen, ob und inwieweit diese Aussagen auf die „Bild“-Zeitung zutreffen.

Angesichts dieses komplexen Sachverhalts bietet sich der fächerübergreifende Unterricht (Geschichte/Politik/Sozialkunde) an, um Vorverständnis und Vorwissen der Schüler zu schaffen. Denkbar wäre eine Unterrichtseinheit „Analyse von Presseerzeugnissen“, die sich mit der Aufgabe, Entstehung, Aufbau, politischer Ausrichtung und Wirkungsweise von Zeitungen befaßt. Um noch tiefer in die Problematik einzusteigen, wäre darüber hinaus eine Aufarbeitung der Themen Pressefreiheit, Pressekonzentration, Presserechtsrahmengesetz angebracht.

Da man annehmen kann, daß Schüler der Sekundarstufe 2 der gesellschaftspolitischen Diskussion der 70er Jahre nicht unbeteiligt gegenüberstehen, sollte Heinrich Bölls Erzählung in dieser Altersstufe, frühestens aber in einem 10. Jahrgang Unterrichtsgegenstand sein. Nach der Analyse der Erzählung können zur Abrundung der Thematik weitere Texte zum selben Thema herangezogen werden. Besonders bieten sich an:

Arbeitstexte für den Unterricht, *Formen oppositioneller Literatur in Deutschland,* darin: Heinrich Böll, Gewalt durch Information, Stuttgart: Ph. Reclam jun., 1975, Universal-Bibliothek, Nr. 9520(2).

Der Spiegel, Nr. 3, 1972, S. 54ff, darin: Heinrich Böll, *„Will Ulrike Gnade oder freies Geleit?“* (Der Beitrag ist über Universitätsbibliotheken zu beziehen)

Exkurs: *Die literarische Entwicklung des Schriftstellers Heinrich Böll.*

Besonders bekannt geworden ist Heinrich Böll durch seine Frühwerke, Romane, Erzählungen und Kurzgeschichten, die das Erleben des Krieges und die Bewältigung der ersten Nachkriegsjahre thematisieren. Stellvertretend seien genannt:

Als der Krieg ausbrach (Erzählung)
Wanderer, kommst du nach Spa . . . (Erzählung)
Der Zug war pünktlich (Erzählung)
Haus ohne Hüter (Roman)
Das Brot der frühen Jahre (Erzählung)
Und sagte kein einziges Wort (Roman)

Mit dem Wiederaufbau und der Verbesserung der sozialen Verhältnisse in der Bundesrepublik entstand eine Gesellschaft, die mit der Bezeichnung „saturierte Wohlstandsgesellschaft“ charakterisiert wurde. Aus dieser Entwicklung zog Heinrich Böll Konsequenzen für sein literarisches Schaffen. Seine Satirensammlung “ Nicht nur zur Weihnachtszeit“ greift das Wohlstandsbürgertum, Vermarktung und Konsumdenken der Menschen an.

Wirtschaftliche Rückschläge, Zusammengehen der beiden großen Parteien CDU und SPD sowie die Notstandsgesetzgebung (28. 6. 1968) führten zur Politisierung weiter Bevölkerungskreise und zur Gründung der sog. „Außerparlamentarischen Opposition“ (ApO), die in ständigen Kundgebungen und Demonstrationen ihr Unbehagen an den bestehenden gesellschaftlich-politischen Verhältnissen zum Ausdruck gab. Auch vor Heinrich Böll machte diese Entwicklung nicht Halt. „Die verlorene Ehre der Katharina Blum" war eine (literarische) Stellungnahme des Autors zu den politischen Problemen der Gegenwart. Sein letztes Werk „Berichte zur Gesinnungslage der Nation" ist thematisch und zeitkritisch mit der „Katharina Blum" eng verbunden.[106] In freundlich stichelnder Satire weist er auf die Gesinnungsschnüffelei des Staates hin.[107]

So spiegelt sich die Entwicklung unserer Gesellschaft besonders anschaulich in der literarischen Entwicklung des Schriftstellers Heinrich Böll. Natürlich urteilt er aus seiner Sicht, und dies muß ihn für manchen Leser unbequem machen. Der poetische Böll gefällt; muß der politische Böll deshalb mißfallen? Außerdem würde man es sich zu leicht machen, den Autor ideologisch festzulegen. Daß er auf der Suche nach einem Modus gesellschaftlichen Zusammenlebens ist, bestätigt ein Interview mit Christian Linder. Nach seinem politischen Standort befragt erklärt Böll:

> Ich empfinde den Dualismus als die Ursache des Dialektischen, das uns nicht mehr hilft . . . Nehmen Sie Kapitalismus und Sozialismus: das eine ist nicht mehr rein und das andere auch nicht; und es fällt doch auf, daß die kapitalistischen und die sozialistischen Mächte, da, wo sie systematische Macht haben, nichts so sehr hassen wie das Dritte.[108]

Aus diesem Exkurs wird deutlich, daß eine Auseinandersetzung mit dem Erzähler H. Böll nicht nur unter der übergeordneten Thematik „Pressewesen" geführt werden kann. Geradezu exemplarisch könnte die Interdependenz von Text und gesellschaftlicher Wirklichkeit

---

[106] Vgl. dazu besonders Kap. 41/„Katharina Blum", Satire auf die „Telephonzapfer".

[107] Vgl. Rolf Michaelis, Satire auf den Leerlauf der Geheimdienste: „Berichte zur Gesinnungslage der Nation", *Erste Schritte auf dem Dritten Weg,* Die Zeit, Nr. 36, 29. August 1975, Sp. Literatur.

[108] Ebenda, zitiert nach: H. Böll/Christian Linder, *Drei Tage im März, – ein Gespräch,* (Köln, 1975).

erarbeitet werden, stellt man vergleichend der Erzählung „Die verlorene Ehre der Katharina Blum" frühe Texte des Autors gegenüber. Aus dem Textvergleich ist zu erfahren, wie sich ein Schriftsteller gesellschaftlicher Wirklichkeit stellt, wie und welche Stellung er beziehen kann, wie sich die jeweilige geschichtlich-gesellschaftliche Situation in seinen Werken widerspiegelt.

Zur Planung der Unterrichtseinheit

Die Erzählung sollte in häuslicher Lektüre mit Hilfe von Leitfragen vorbereitet werden. (Leitfragen besonders zur Personenkonstellation: Wer ist Hach? Welche Rolle läßt der Autor ihn spielen? Welchem Personenkreis wird er deshalb zugeordnet? Wie wird seine Rolle bewertet?)

Es hat sich als sinnvoll erwiesen, bei der Besprechung der Erzählung bereits in einem 9./10. Jahrgang in den ersten beiden Stunden eine graphische Übersicht über die Erzählung/das Erzählgerüst erstellen zu lassen; damit verbunden ist die Beseitigung von Verständnisschwierigkeiten bezüglich des Handlungsablaufs, zugleich stellt die Übersicht eine Orientierungshilfe dar.

Die Übersicht kann zum großen Teil in häuslicher Arbeit vorbereitet werden, indem jeder Schüler eine Inhaltsübersicht über 2 Kapitel erstellt, und zwar in Stichwortform.

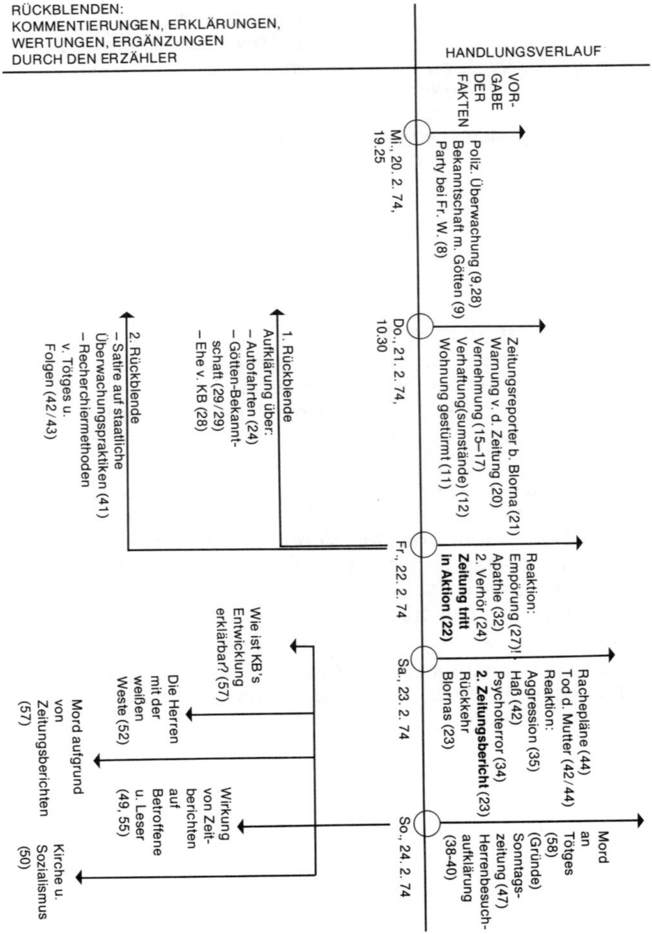

RÜCKBLENDEN:
KOMMENTIERUNGEN, ERKLÄRUNGEN,
WERTUNGEN, ERGÄNZUNGEN
DURCH DEN ERZÄHLER
HANDLUNGSVERLAUF
VOR-GABE DER FAKTEN
Mi., 20. 2. 74, 19.25
Poliz. Überwachung (9,28)
Bekanntschaft m. Götten (9)
Party bei Fr. W. (8)
Do., 21. 2. 74, 10.30
Zeitungsreporter b. Blorna (21)
Warnung v. d. Zeitung (20)
Vernehmung (15–17)
Verhaftung(sumstände) (12)
Wohnung gestürmt (11)
1. Rückblende
Aufklärung über:
– Autofahrten (24)
– Götten-Bekanntschaft (29/29)
– Ehe v. KB (28)
2. Rückblende
– Satire auf staatliche Überwachungspraktiken (41)
– Recherchiermethoden v. Tötges u. Folgen (42/43)
Fr., 22. 2. 74
Reaktion:
Empörung (27)!
Apathie (32)
2. Verhör (24)
Zeitung tritt in Aktion (22)
Sa., 23. 2. 74
Rachepläne (44)
Tod d. Mutter (42/44)
Reaktion:
Aggression (35)
Haß (42)
Psychoterror (34)
2. Zeitungsbericht (23)
Rückkehr Blornas (23)
Wie ist KB's Entwicklung erklärbar? (57)
Die Herren mit der weißen Weste (52)
Mord aufgrund von Zeitungsberichten (57)
So., 24. 2. 74
Mord an Tötges (58) (Gründe)
Sonntagszeitung (47)
Herrenbesuchaufklärung (38-40)
Wirkung von Zeitberichten auf Betroffene u. Leser (49, 55)
Kirche u. Sozialismus (50)

Besonders wichtig scheint mir die Herstellung des Bezugs der Erzählung zur Realität, und zwar bereits **im Verlauf der Besprechung der Erzählung.**

Deshalb sollte zu den jeweils geeigneten Textstellen, besonders bei der Analyse der in die Erzählung eingerückten Zeitungsartikel, ebenso bei der Schilderung der Zusammenarbeit von Staatsanwaltschaft und Presse, Material hinzugezogen werden, das sich mit der Sensationspresse in der Bundesrepublik befaßt. Die in der Planung genannten Quellen sind im Anhang zu finden. (u. a. G. Wallraffs Erfahrungen)

Der komplexe Sachverhalt der Lektüre sowie das Herstellen von Parallelen zu Praktiken der realen Presse erfordern die Planung einer Unterrichtseinheit über etwa 10–12 Unterrichtsstunden.

1./2. Stunde: Besonderheiten der Textkonstruktion, Textmerkmale

Aufbaumerkmale

1. Analyse des Handlungsablaufes und mögliche Bedeutung für die Textaussage	Vorgabe des Schlusses Rekonstruktion – Erklärungen – Einrücken fiktiver Zeitungsartikel
2. Der Stellenwert der Zeitungsartikel für den Handlungsablauf, für das Verhalten der Erzählfiguren: Kap. 4 K's Bemerkung zum Mord an Schönner Kap. 6 Erzähleräußerung über die Presse Kap. 14 Pressefotograf Schönner Kap. 20 Moedings Warnung Kap. 21 Recherchiermethoden u. a.	Zeitungsartikel – treiben Handlung voran – beeinflussen die Verhaltensweisen der Erzählfiguren – wirken sich auf die Erzählhaltung des Erzählers aus

3. Lesen der aufgeführten Kapitel unter dem Gesichtspunkt: Erzählhaltung des Erzählers
Kap. 9, 10, 12, 37, 38/39 Anfang

„Erzählbericht“, beabsichtigtes „objektives Erzählen“ (Diktion, Zitieren von Protokollen, Zeugenaussagen / Ständiges Einmischen in den Handlungsablauf durch Kommentierung, Erklärung, Wertung)

HAUSAUFGABE:

– Vergabe eines Kurzreferats:

Art u. Funktion von Erzählperspektiven unter besonderer Berücksichtigung der auktorialen Erzählperspektive.

Quelle: K. Stanzel. Typische Formen des Romans. (Göttingen, 1972).

– Erstellen einer Charakteristik der Hauptperson (Kap. 24): Angaben zur Person, (beabsichtigte) Wirkung auf den Leser

– Kurzcharakteristik weiterer Hauptpersonen

3. Stunde: Personenkonstellation – Erzählhaltung des Erzählers

1. Verlesen des Kurzreferats „Erzählperspektiven“
   Suchen nach entsprechenden Formulierungen bzw. Textstellen
2. Schüler lesen die Charakteristik über Katharina Blum vor
3. Verlesen weiterer Charakteristiken von maßgeblichen Erzählfiguren
4. Untersuchung der Namengebung in Gruppen- oder Partnerarbeit

Auktoriale Erzählperspektive als Möglichkeit des Erzählers/Autors, Partei zu ergreifen (Vgl. S. 60 der Interpretation), Gestaltung einer polaren Personenkonstellation, Polarisierung/Kontrastierung.

Zusammenfassung: Die vom Erzähler beabsichtigte „objektive“ Erzählhaltung wird aufgrund der geschilderten Ereignisse offensichtlich bewußt nicht eingehalten. Unverkennbar zeigt sich seine Parteinahme in der

– Personenkonstellation
– Namengebung
– Erzählhaltung

5. Diskussion der Aussagen des Autors Heinrich Böll über seine Erzählfigur Katharina Blum [109]

Vergabe eines Kurzreferats: „Der Junge, der in drei Monaten 20mal die Lehrstelle wechselte“. Eine „Bild“-Story, deren Zustandekommen und Wahrheitsgehalt Günther Wallraff nachprüfte. [110] [110.1.]

---

[109] „Ich tendiere nur zu dem scheinbar Unpolitischen.“ H. Böll in: M. Durzack: Gespräche über den Roman. Formbestimmungen und Analysen. Suhrkamp 318, 1976, S. 134 ff.

[110] Wallraff, G.: Neue Reportagen, Untersuchungen und Lehrbeispiele, (Reinbek, 1974), S. 90 (Gegengeschichten zur Bildzeitung).

[110.1.] Der Hessische Rundfunk hat innerhalb des Schulfernsehens unter dem Titel „Tatort Presse“ den oben angeführten Fall in Form eines Kurzspielfilms dargestellt. (Erstsendung der 3. Folge mit dem Titel „Meinungsmache“: 4. 3. 1977, 17.30,
Dauer etwa 20 Min. Sollte diese Folge auf Kassette zur Verfügung stehen oder zu beschaffen sein, so sollte sie unbedingt eingesetzt werden.

4.–7. Stunde:

In diesen Stunden sollen die in der Erzählung dargestellten Recherchiermethoden, die Aufmachung einer Story und die Auswirkung auf die Leser der „ZEITUNG“ analysiert werden. Im folgenden soll an Beispielen aus der bundesrepublikanischen Pressewirklichkeit deutlich gemacht werden, daß diese fiktionale Darstellung des Journalismus durchaus realistische Züge trägt.

I. Die Presse in Bölls Erzählung

1. Recherchiermethoden der fiktiven Reporter und die Auswirkung auf die Leserschaft bzw. die Betroffenen (Lesen u. Besprechen der folgenden Textstellen).
   Kap. 4 KB's ominöse Antwort
   Kap. 6 Reaktion der ZEITUNG auf den Mord
   Kap. 14 Pressefotograf Schönner
   Kap. 21 Recherchiermethoden (b. Blorna)
   Kap. 42 Die Methoden von Tötges
2. Untersuchung der Auswirkung auf die Leserschaft und auf die betroffenen Personen
   Kap. 23 Der Taxifahrer
   Kap. 34 Die Anrufe/Postsendungen
   Kap. 49 Blornas Reaktion
   Kap. 55 E. Woltersheims „gesellschaftsfeindliche Tendenzen“
   Kap. 27 KB's Frage, ob nicht der Staat hier helfen könne
   Kap. 28 Bemerkung v. E. Woltersheim zu KB's seelischer Verfassung
   Kap. 32 KB fast „völlig apathisch“
   Kap. 35 Wille, sich zur Wehr zu setzen
   Kap. 44 KB's Erkenntnis: „. . . Pflicht der Zeitungsleute, unschuldige Menschen um Ehre, Ruf . . . zu bringen“
   KB's Verhältnis zur ZEITUNG „weniger emotional, mehr analytisch“

Die oben genannten Kapitel führen noch einmal die Stationen vor, die die Entwicklung der Hauptperson Katharina Blum maßgeblich beeinflußten. (Vgl. dazu Kap. 6.1.2. der Interpretation)

3. Analyse des ersten Berichtes der ZEITUNG (Donnerstagausgabe)
   3.1 Inhaltliche Verfahrensweise
   3.2. Sprachlich-stilistische Verfahrensweise
   (Vgl. dazu Kap. 4 der Interpretation)
4. Diskussion: Ist Heinrich Bölls Darstellung der Presse realistisch? Persönliche Erfahrungen bzw. Feststellungen der Schüler? Kenntnisse über das Pressewesen / den Sensationsjournalismus aus Büchern über die Presse vorhanden? Informationen aus politischen Magazinen?

II. Beispiele aus der bundesrepublikanischen Pressewirklichkeit: „Bildzeitung"-Storys

1. Verlesen des Kurzreferats: „Der Junge, der in drei Monaten 20mal die Lehrstelle wechselte."
   1.1. Vergleich der Recherchiermethoden der fiktiven mit denen der „Bild"-Reporter
   1.2. Vergleich der jeweiligen Auswirkungen auf die Betroffenen und auf die Leserschaft der fiktiven/realen Boulevardzeitung
2. Vorlesen des Zeitungsartikels aus der Westfälischen Rundschau vom 11. 2. 1976 (Erlebnisse des Namensvetters des Autors, des Rentners Heinrich Böll, eines ehemaligen Nieters) (Vgl. Anhang 1)

3. Kurzvortrag oder Vorlesen des „Bild"-Artikels „Aus Angst vor Frühjahrsputz: Hausfrau erschlug sich mit Hammer."[111]) (Abgedruckt in der „Killt"-Zeitung, einer Kurzfassung einzelner Berichte aus G. Wallraffs Büchern; zu beziehen über den Steidl-Verlag, Düstere Str. 4, 3400 Göttingen, Best.-Nr. 22042 (Sammelbest. wird v. Verlag angeraten, Preis 1,50 DM)
4. Verlesen des Abschiedsbriefes eines „Bild"-Zeitungs-Opfers (vgl. Anhang 2)

Die Vergleiche von Verfahrensweisen der fiktiven und der realen Presse zeigen, daß die in der Erzählung dargestellten Inhalte, Verfahrensweisen und Recherchiermethoden der Presse, wie auch die Reaktionen der Leserschaft und der Betroffenen, durchaus realitätsnah gestaltet sind.

---

[111] Unter diesem Titel erschien in der „Bild"-Zeitung die Story von einer Frau, die angeblich wegen der zu erwartenden Handwerker mit einem Hammer Selbstmord begangen hatte. In Wirklichkeit war, so G. Wallraffs Feststellungen in der „Killt", die Frau „seit 25 Jahren gemütskrank, hatte bereits mehrere Selbstmordversuche hinter sich . . . Frau K. hatte sich erdrosselt, nachdem sie sich in ihrem Todestrieb zuvor mit einem Hammer verletzt hatte".[1])
Der „Bild"-Reporter Kathman hatte offensichtlich, nachdem er von dem Selbstmord erfahren hatte, den Eindruck erweckt, „er komme von der Polizei, . . .(um) Selbstmordfällen nachzugehen".[2])
Nach dem Erscheinen der Story, so der Sohn, „traute sich (Karl K.) nicht mehr auf die Straße".[3])
Die letzten Zeilen des Abschiedsbriefes verdeutlichen noch einmal, weshalb Karl K. Selbstmord beging: „Die Schande kann ich nicht überwinden. Ich klage die Bild-Zeitung des Mordes an."
[1])[2])[3]) „Killt", April 1980

III. Analyse der Freitags- und Samstagsausgabe der ZEITUNG (Vgl. Kap. 4 der Interpretation)

Gruppenarbeit:
Inhaltliche und sprachliche Analyse der eingerückten Zeitungsartikel (Freitag- und Samstagausgabe)

Mögliche Leitfragen:
Auf welche Weise wird das Interesse der Leserschaft geweckt?
Wie wird inhaltlich verfahren?
Vergleiche den objektiv gegebenen Sachverhalt mit dem von der ZEITUNG dargestellten!
Welche Sprachebene wird gebraucht?
Mit welcher Absicht?
Achtet auf die Darstellung der beteiligten Personen!

Vergleichen der Arbeitsergebnisse
Herstellung einer Beziehung: Verfahrensweisen der ZEITUNG/ Erzählhaltung des Erzählers

Gemeinsame Erörterung der Darstellung des W. Brettloh durch die ZEITUNG: Herstellung des Bezugs bzw. der Bezugslosigkeit des Falles „Katharina Blum"/Sozialistische Umtriebe
Weshalb läßt die Zeitung gerade den Textilarbeiter W. Brettloh ausführlich zu Wort kommen?
In welcher Beziehung steht sein Rat „So müssen falsche Vorstellungen ..." mit dem Fall „Katharina Blum"? (W. Brettloh und K. Blum als Mittel, gesellschaftliche Vorstellungen den Lesern nahezubringen und -zulegen.)

4. Vortragen des Falles „Heinz Baatz" (Vgl. S. 74 der Interpr.)

Im fiktiven wie auch im realen Fall werden die betroffenen Personen, H. Baatz wie Kath. Blum, mit der sozialistischen Weltanschauung in Verbindung gebracht, einmal als deren Opfer (H. Baatz) und im anderen Fall (K.

5. Vortragen/Kurzvortrag über den Fall Eleonore Poensgen (Anhang 3–5)

Blum) als Sympathisant, obwohl in beiden Fällen keinerlei Beziehung zu politischen Hintergründen vorhanden ist.
Zum Fall Poensgen: Wie auch Katharina Blum wird Eleonore Poensgen vor dem Schuldbeweis als Schuldige in der Zeitung herausgestellt, in ihrem Falle als eine des Mordes überführte Terroristin.

Kommentierung:
In dieser Phase sollen noch einmal die Strategien der ZEITUNG als typische Vertreterin der Boulevardpresse untersucht und Kenntnisse/Einblicke in derartige Verfahrensweisen gewonnen werden.

8./9. Stunde:

Das Verhältnis von Staat und Presse und das Problem der Pressefreiheit
Die satirische Kritik an staatlichen Ermittlungsmethoden

1. Das Problem der Pressefreiheit
   1.1. Gemeinsames Lesen des Kap. 27 und Diskussion über das Problem der Pressefreiheit (u. a. Sensationsjournalismus, Pressekonzentration)
   1.2. Vorlage eines Auszuges aus dem sog. Pressekodex unter Hinzuziehung des Grundgesetzes, Art. 5, Ab-

satz 1, und eines Absatzes aus dem BGB, S. 686 (Bis zum gesetzlichen Nachweis seiner Schuld wird vermutet, daß der . . . Angeklagte, unschuldig ist.)
(Vgl. dazu Anhang 6)

1.3. Besprechung des Kap. 40 Einfluß entsprechender Leute wie Lüding auf (brisante) Veröffentlichungen in der bzw. einer Zeitung

2. Kritik an Unverhältnismäßigkeit staatlicher Mittel und an fragwürdigen Methoden
Die Satire als besondere Form der Kritik
   2.1. Lesen des Kap. 11 (Eindringen in KB's Wohnung)
   2.2. Lesen der Kap. 10/41 (Abhörmethoden)
   Erarbeitung bzw. Diskussion der Aussage
   Erarbeitung der Formmerkmale der Satire: Verzerrung, Ironie, Sarkasmus, Komik.
   2.3. (Evtl.) Erinnerung an den Fall „Traube“

3. Vorlage eines Artikels aus der „Zeit“ vom 4. 11. 1977 (Bericht von einer Hausdurchsuchung bei dem Schriftsteller H. Böll in der BZ. Der Bericht erschien vor der tatsächlich erfolgten Hausdurchsuchung.) (Vgl. Anhang 7)

Die Schüler erfahren die Satire als eine besondere Form der Kritik; sie erfahren darüber hinaus, daß die in der Erzählung geschilderten Ermittlungsmethoden Beispiele aus der Wirklichkeit sein könnten.

Vergleich mit Kap. 27, wo KB fragt, wie bestimmte Aussagen „hätten zur Kenntnis der Zeitung gelangen können".

10./11. Stunde:

Zum Abschluß sollten gemeinsam die Kap. 57/58 gelesen werden. Hier, und nur hier, läßt der Erzähler Katharina selbst zu Wort kommen, und die Ich-Perspektive macht dem Leser hier noch einmal eindrucksvoll klar, welch verheerende Auswirkungen Presseberichte haben können, „wie (somit) Gewalt entstehen kann" und wie sie in diesem Falle vom Erzähler bewertet wird und auch nur so bewertet werden kann.

Zusammenfassung:

1. Die Kritik Heinrich Bölls gilt
   - Den Arbeitsweisen einer Boulevardpresse, die täglich publizistische Gewalt ausübt und durch die Emotionalisierung ihrer Leser Gegengewalt provozieren kann
   - der Fragwürdigkeit der bestehenden Pressefreiheit, deren Auslegung keinerlei Beschränkungen zu unterliegen scheint (Recht der persönlichen Ehre)
   - Der Übermacht der Presse (Pressekonzentration)
   - dem Staat, der diese Praktiken toleriert
   - der Unverhältnismäßigkeit behördlicher Ermittlungs- und Überwachungspraktiken sowie der Bespitzelung des ideologisch-politischen Gegners (Kommunisten)
   - der Hilflosigkeit des Einzelnen gegenüber nicht mehr durchschaubaren Institutionen (Staat, Presse)
   - der Tatenlosigkeit von Gewerkschaften und Kirche
   - Der Geistlichkeit, die einseitig Stellung bezieht
2. Erörterung der Wechselbeziehung von Inhalt und Form des Textes (Wodurch bezieht dieser literarische Text seine Wirkung?)
3. Information über die Entstehungsgeschichte des Textes

4. Mögliche Anschlußgebiete:
   - Analyse der Bild-Zeitung an Hand von Primär- und Sekundärtexten (Überprüfung der lit. Aussage)
   - Texte zur Entstehungsgeschichte der Erzählung (Vgl. Literaturhinweis)
   - Vergleich der Verfahrensweise von fiktiver/realer Boulevardzeitung unter folgenden Gesichtspunkten
     - das Ausgeliefertsein einer Person von sog. öffentlichem Interesse
     - der latente/offene Appell an die Volksseele, den Volkszorn
     - Ausschlachtung eines Falles von öffentlichem Interesse zum Zweck der Vermittlung politischer Grundhaltungen

Anhang 1 In: Westfälische Rundschau, 11. 2. 1976

Löwenthals Polit-Schau raubt dem Rentner Böll den Schlaf

Von Rolf Düdder

Düsseldorf. „Als die ersten Anrufe kamen, hat mein Vater darüber gelacht", sagt Frau Heide Berger (48), „jetzt ist er darüber krank geworden." Der alte Mann hockt auf dem Sofa in seinem kleinen Wohnzimmer und weint. Er traut sich nicht mehr allein auf die Straße. Sein Name ist Heinrich Böll (73).

Mit dem berühmten Schriftsteller, Autor der „Ansichten eines Clowns" und „Gruppenbild mit Dame", hat der Rentner nur den Namen gemeinsam. „Ich kenne ihn nicht persönlich", sagt er. „Er hat mir allerdings schon einmal ein paar Bücher geschickt."

Schon seit Jahren erhält der pensionierte Heinrich Böll – ehemaliger Nieter im Brückenbau der Firma Demag-AG, Werk Benrath – gelegentlich Briefe, die an den Schriftsteller gerichtet sind. Einmal befand sich sogar das Schreiben eines irischen Verlages darunter.

Heinrich Böll aus Düsseldorf-Hassels erbat daraufhin vom Einwohnermeldeamt in Köln die Anschrift des Schriftstellers. Wenn Briefe kommen, die den Namensvetter betreffen, reicht Böll sie weiter.

Der Schriftsteller bedankte sich im Juni 1970 mit einem Brief und mehreren Büchern, darunter sein „Billard um halb zehn", „Ansichten eines Clowns" und „Ende einer Dienstfahrt". Der Rentner Heinrich Böll hat sie sorgfältig aufgehoben, aber: „Gelesen habe ich sie noch nicht."

Früher war er eigentlich immer etwas stolz auf seinen prominenten Namen. In den letzten Wochen aber kam damit das Unheil über ihn. „Es begann mit der Löwenthal-Sendung im Zweiten Deutschen Fernsehen am 12. Januar."

Moderator Gerhard Löwenthal, der bundesdeutsche Bildschirm-Rechtsaußen, erklärte an diesem Mittwoch im „ZDF-Magazin" über die Baader-Meinhof-Gruppe: „... die Sympathisanten dieses Linksfaschismus, die Bölls und Brückners und all die anderen sogenannten Linksintellektuellen, sind nicht einen Deut besser als die geistigen Schrittmacher der Nazis, die schon einmal so viel Unglück über unser Land gebracht haben."

Was Löwenthal mit solchen Formulierungen in der Volksseele anrichtet, bekam Heinrich Böll aus Düsseldorf zu spüren. Ständig melden sich anonyme Anrufer per Telefon: „Du roter Hund, mach, daß du in die Zone kommst, da kannst du soviel rot reden wie du willst", und „Du Schwein. Du bist der größte Volksverhetzer, den es gibt." Frau Böll: „Die schlimmsten Beschimpfungen kann ich überhaupt nicht wiederholen. Die habe ich nicht einmal meinem Mann gesagt."

ZDF-Löwenthal mag stolz auf seine Worte sein, die seine Zuhörer gar zu handfesten Drohungen animierten. Ein Anrufer: „Wir haben genug Mittel und Wege, dir die Knochen kaputtzuschlagen."

Neben den Anrufen kommen anonyme Briefe, die nicht freundlicher sind. Heinrich Böll legt ein Schreiben mit dem Poststempel aus Hilden vor: „Merke dir, du verdammter Schweinehund und Volksverhetzer, nimm dich in acht und wisse, daß es noch Männer gibt in genügender Anzahl, die darauf achten, daß solche Banditen wie Böll nicht überhandnehmen. Als ehemaliger Amateurboxer werde ich dich zusammenschlagen, wenn ich es für richtig erachte." Der Brief schließt: „Ich hasse dich aufs Blut, du rotes Luder."

Seit dieser Flut an Drohungen und Beschimpfungen wagt sich Heinrich Böll nicht mehr vor die Haustür. Er ist mit seinen Nerven am Ende. Mehrfach hat sich die Familie bereits an das Zweite Deutsche Fernsehen mit der Bitte um Hinweis auf die Verwechslung gewandt, aber aus Mainz kam die abschlägige Antwort. „Das können wir doch nicht vom Bildschirm verkünden."

Heinrich Böll klagt: „Ich bin eben kein wichtiger Mann, und mit Politik habe ich nichts zu tun." – Er hat, wenn er es selbst auch nicht weiß.

Anhang 2

Aus: Münster-Presse, Dez. 1979

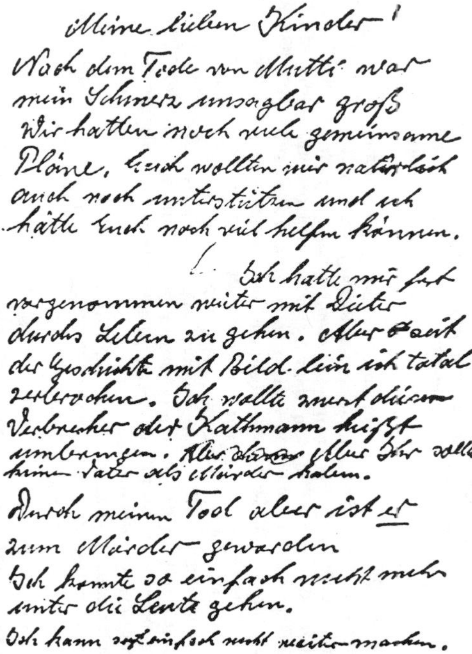

Meine lieben Kinder!
Nach dem Tode von Mutti war mein Schmerz unsagbar groß
Wir hatten noch viele gemeinsame Pläne, Euch wollten wir natürlich auch noch unterstützen und ich hätte Euch noch viel helfen können.
Ich hatte mir fest vorgenommen weiter mit Dieter durchs Leben zu gehen. Aber seit der Geschichte mit Bild bin ich total zerbrochen. Ich wollte zuerst diesen Verbrecher der Kathmann heißt umbringen. Aber Aber Ihr solltet keinen Vater als Mörder haben.
Durch meinen Tod aber ist er zum Mörder geworden
Ich konnte so einfach nicht mehr unter die Leute gehen.
Ich kann einfach nicht weiter machen.

Abschiedsbrief eines BILD-Opfers. Was diesem Brief voranging, berichtet Wallraff in seinem Buch.

,,Bild'', 4. 8. 1977

Mordfall Ponto:

Nach den Poensgens wurden sogar Straßen benannt

Der Vater der Terroristin sagt: „Sie ist viel zu mitfühlend“

rb. Duisburg, 4. August

Wie jeden Tag fuhr gestern der 48 Jahre alte Jugendrichter Gerrit Poensgen mit seinem alten Mercedes Diesel zum Gericht in Duisburg. Aber die Mitarbeiter schauten anders als sonst auf den sympathischen Mann in den braunen Hosen und der karierten Jacke. Alle hatten gehört und gelesen: Ein Mädchen mit dem Namen „Poensgen“ ist von Frau Ponto als Mörderin des Bankchefs Jürgen Ponto erkannt worden. „Ja“, sagte der Jugendrichter Poensgen von selbst, „die Eleonore Poensgen aus Frankfurt, das ist meine Tochter.“

Und nach einer Weile fügte er – wie ein besorgter Vater, der sich seiner Sache sicher ist – hinzu: „Aber sie hat es nicht getan. Unmöglich. Dazu ist meine Eleonore viel zu mitfühlend und sozial eingestellt. Sie hat das nie getan! Ein furchtbarer Irrtum!“

Der Name „Poensgen“ hatte an Rhein und Ruhr bisher einen guten Klang – wie Krupp. Die Poensgens aus der Eifel haben im vorigen Jahrhundert mit Stahlwerken eine moderne Industrie begründet. Zu ihren Ehren wurden sogar Straßen benannt: Ernst-Poensgen-Allee und Gustav-Poensgen-Straße in Düsseldorf. Einer aus der großen Familie machte sogar als Diplomat Karriere: Gisbert Poensgen ist seit wenigen Wochen deutscher Botschafter in Griechenland.

Eleonore Poensgen, das Mädchen, das angeblich Jürgen Ponto in den Rücken schoß, fiel aus dem Familienrahmen: Schon 1974 wurde zwei Jahre lang gegen die Studentin ermittelt. Sie wurde verdächtigt, einer „kriminellen Vereinigung“ anzugehören. Der Vater jedoch bemerkte von alledem nichts. Auch nichts davon, daß seine Eleonore bei Hausbesetzungen und Polizeischlachten in Frankfurt immer wieder festgenommen wurde. Er sagt heute: „Ich habe sie oft besucht. Ich bin mit ihr in Studentenkneipen gewesen. Es war sehr nett.“

Der Jugendrichter Poensgen ist ein hagerer Mann mit dunklem Vollbart, der stets an das Gute in den jungen Menschen glaubt. Seit dreizehn Jahren hat er in Duisburg über das Schicksal straffälliger Jugendlicher zu entscheiden. Er ist dort eine Art „Papa gnädig“, der vielen noch eine Chance gibt . . .

WESTFÄL. NACHRICHTEN, 28. 9. 1978

Poensgen erhält hohe Entschädigung

Düsseldorf (dpa). Ein Schmerzensgeld von 50 000 Mark muß der Axel-Springer-Verlag an Eleonore Poensgen zahlen, weil sie in der „Bild"-Zeitung im Zusammenhang mit dem Ponto-Mord zu Unrecht als Terroristin und als des Mordes überführt dargestellt wurde. Dieses Urteil fällte die 12. Zivilkammer des Düsseldorfer Landgerichts gestern. Die heute 24jährige Studentin hatte der Zeitung „journalistische Lynchjustiz" vorgeworfen und 100 000 Mark als Entschädigung verlangt. Ein Sprecher des Springer-Verlages kündigte an, daß man in die Berufung gehen würde.

Fall Poensgen:

Schnell der Öffentlichkeit zum Fraß vorgeworfen

In seiner Glosse „Der einsame Richter“ in Nr. 179 Ihres Blattes macht es sich Ihr Redaktionsmitglied Herr Dr. Hanno Kühnert etwas zu leicht, wenn er schreibt: „Sollte sich eines Tages herausstellen, daß Nora Poensgen unschuldig ist, so hat sie den Schaden, der in ihrem Leben angerichtet wurde, jedenfalls nicht den Strafverfolgungsbehörden ... zuzuschreiben.“

Zweifellos wurde die junge Studentin nach der Lage der Dinge zunächst mit Recht in Untersuchungshaft genommen. Es war aber keineswegs notwendig, sie mit Namen den Medien als „Mittäterin“ zu nennen, die „dick in der Terrorszene drin gesteckt“ habe (eine Behauptung der Frankfurter Polizeidirektion, die sich schon anderntags als falsch erwies!), und Lichtbilder von ihr herauszugeben, bevor noch alle ihre Entlastungszeugen vernommen und deren Aussagen überprüft worden waren. Im Falle ihrer Unschuld werden sich darum die Strafverfolgungsbehörden nicht dem Vorwurf entziehen können, an Nora Poensgen und ihren Angehörigen leichtfertig einen Rufmord verübt zu haben. Auch Frau Ponto und ihr Chauffeur werden sich dann wohl oder übel dazu äußern müssen, unter welchen Umständen sie in der bisher unbescholtenen Dreiundzwanzigjährigen „mit Bestimmtheit“ eine der beiden Frauen erkannt haben, die in das Haus des ermordeten Bankiers eingedrungen sind.

Es bedarf im übrigen nicht unseres Mitgefühl, daß ein Richter, ähnlich wie der Kapitän eines Schiffes oder Flugzeuges, in seinen letzten Entscheidungen einsam ist. Das gehört schließlich zu seinem Beruf, und wenn er sich dieser Belastung nicht gewachsen zeigt, so ist er ganz einfach fehl an seinem Platze. Ein junger Mensch jedoch, der fälschlich in den Verdacht gerät, an einer besonders heimtückischen Mordtat beteiligt zu sein, und deshalb vorschnell der Öffentlichkeit zum Fraß vorgeworfen wird, muß an Gott und der Welt verzweifeln und dürfte für den Rest seines Lebens seelisch schwer geschädigt sein.

J. Pindter, Freiburg

Anhang 6

Der vom deutschen Presserat verabschiedete „Pressekodex" im Wortlaut gekürzt (zitiert nach dem Abdruck im DARMSTÄDTER ECHO, 15. 11. 73):

„Die im Grundgesetz der Bundesrepublik verbürgte Pressefreiheit schließt die Unabhängigkeit und Freiheit der Meinungsäußerung und der Kritik ein. Verleger, Herausgeber und Journalisten müssen sich bei ihrer Arbeit der Verantwortung gegenüber der Öffentlichkeit und ihrer Verpflichtung für das Ansehen der Presse bewußt sein. Sie nehmen ihre publizistische Aufgabe nach bestem Wissen und Gewissen, unbeeinflußt von persönlichen Interessen und sachfremden Beweggründen, wahr. Diese publizistischen Grundsätze dienen der Wahrung der Berufsethik; sie stellen keine rechtlichen Haftungsgründe dar,

1. Achtung vor der Wahrheit und wahrhaftigen Unterrichtung der Öffentlichkeit sind oberstes Gebot der Presse.
2. Zur Veröffentlichung bestimmte Nachrichten und Informationen in Wort und Bild sind mit der nach den Umständen gebotenen Sorgfalt auf ihren Wahrheitsgehalt zu prüfen. Ihr Sinn darf durch Bearbeitung, Überschrift und Bildbeschriftung weder entstellt noch verfälscht werden. Dokumente müssen sinngetreu wiedergegeben werden. Unbestätigte Meldungen, Gerüchte und Vermutungen sind als solche erkennbar zu machen. Bei Wiedergabe von symbolischen Photos muß aus der Unterschrift hervorgehen, daß es sich nicht um ein dokumentarisches Bild handelt.
4. Bei der Beschaffung von Nachrichten, Informationsmaterial und Bildern dürfen keine unlauteren Methoden angewandt werden.
8. Es widerspricht journalistischem Anstand, unbegründete Beschuldigungen, insbesondere ehrverletzender Natur, zu veröffentlichen.
10. Auf eine unangemessene, sensationelle Darstellung von Gewalt und Brutalität soll verzichtet werden. Der Schutz der Jugend ist in der Berichterstattung zu berücksichtigen.
12. Die Berichterstattung über schwebende Ermittlungs- und Gerichtsverfahren muß frei von Vorurteilen erfolgen. Die Presse vermeidet deshalb, vor Beginn und während der Dauer eines solchen Verfahrens in Darstellung und Überschrift, jede einseitige oder präjudizierende Stellungnahme. Ein Verdächtiger darf vor einem gerichtlichen Urteil nicht als Schuldiger hingestellt werden. Bei Straftaten Jugendlicher sind mit Rücksicht auf die Zukunft der Jugendlichen möglichst Namensnennung und identifizierende Bilderveröffentlichungen zu unterlassen, sofern es sich nicht um schwere Verbrechen handelt."

Die Haussuchungen bei dem deutschen Nobelpreisträger Heinrich Böll, beziehungsweise seiner Familie – inzwischen vier im ganzen – hatten noch ein publizistisch-juristisches Nebenspiel: In einem Interview der ARD-Sendung „Tagesthemen" vom 4. 10. 77 „Hexenjagd auf Intellektuelle?" hatte Böll unter anderem erklärt: „Ich habe den Beweis, daß die Springer-Presse mit der Polizei zusammenarbeitet." Der Axel Springer Verlag erwirkte daraufhin unter dem Datum vom 13. Oktober eine Gegendarstellung, die am 18. Oktober ausgestrahlt wurde und in der es heißt: „Eine Zusammenarbeit der Springer-Presse mit der Polizei gab es weder im Fall der Durchsuchung der Wohnung des Sohnes von Heinrich Böll, noch bestand und besteht eine solche Zusammenarbeit in sonstigen Fällen, die die Familie Böll betreffen." Dem fügte der Moderator der Sendung folgendes hinzu: „Am 7. 2. 1974 meldete die ‚BZ', die größte Zeitung des Springer Verlages in Berlin, unter der Schlagzeile ‚Haussuchung beim Sohn des Nobel-Preisträgers Heinrich Böll', daß Beamte des Staatsschutzes in die Wohnung des 26jährigen Sohnes von Heinrich Böll eingedrungen seien. Diese Hausdurchsuchung hatte aber zum Zeitpunkt der Verbreitung dieser Berliner Zeitung noch gar nicht stattgefunden. Das, was die Springer-Zeitung am frühen Morgen meldete, fand – so ergaben unsere Recherchen und so bestätigte es Heinrich Böll – erst am Nachmittag zwischen 14.00 und 16.00 desselben Tages statt."

10. Literaturverzeichnis

Zitierte Werke:

Autorenkollektiv: Sprachbuch C8. C-Ausgabe für Hauptschulen und entsprechende Kurse an Gesamtschulen, Stuttgart: Ernst Klett, 1. Aufl. 1974.

Die Bibel, Neues Testament.

Hartwig/Horn/Grosser/Scheffler: Politik im 20. Jahrhundert, Braunschweig: Georg Westermann, 5. Aufl. 1975.

Heymann, Kajo, in: Kapitalismus und Pressefreiheit, Am Beispiel Axel Springer, Berlin, o.J., Provokativ, Europäische Verlagsanstalt, im Auftrag des Republikanischen Klubs Berlin.

Jordan, Peter: Presse und Öffentlichkeit, Frankfurt/M./Berlin/München: Diesterweg, 1970.

Küchenhoff, Erich: Bild-Verfälschungen, Bd. 1/2, Frankfurt: Europäische Verlagsanstalt, 1972.

Meyn, Hermann: Massenmedien in der Bundesrepublik Deutschland, Berlin: 1968, erw. Neuaufl. 1974.

Müller, Hans Dieter: Der Springer-Konzern. Eine kritische Studie, München: R. Piper & Co., 1968.

Reich-Ranicki, Marcel: In Sachen Böll, Ansichten und Einsichten, Köln/Berlin: Kiepenheuer & Witsch, 1968. Nachdruck München: Deutscher Taschenbuchverlag, 2. Aufl. 1972.

Roth, Heinrich: Begabung und Lernen. Ergebnisse und Folgerungen neuer Forschungen, Stuttgart: Ernst Klett, 5. Aufl. 1970.

Schiller, Friedrich: Der Verbrecher aus verlorener Ehre, Stuttgart: Philipp Reclam jun., 1964.

Stanzel, Franz K.: Typische Formen des Romans, Göttingen: Vandenhoeck & Ruprecht, 6. Aufl. 1972, Kleine Vandenhoeck-Reihe, Nr. 187.

Vogt, Jochen: Aspekte erzählender Prosa, Düsseldorf: Bertelsmann Universitätsverlag, 1972, Reihe: Grundstudium Literaturwissenschaft.

Wagenbach, Klaus: Tintenfisch 5, Jahrbuch für Literatur, Berlin: Klaus Wagenbach, 1972.

Wallraff, Günter: Neue Reportagen, Untersuchungen und Lehrbeispiele, Köln: Kiepenheuer & Witsch, 1972. Nachdruck Reinbeck/Hamburg: Rowohlt Taschenbuch Verlag, 1974.

Zitierte Zeitungsartikel:

Böll, Heinrich, „Will Ulrike Gnade oder freies Geleit?", Der Spiegel, Nr. 3, 1972.

Brender, Hans, „Heinrich Bölls 'Verlorene Ehre der Katharina Blum': Von der Unzerstörbarkeit der menschlichen Hoffnung", Deutsche Volkszeitung, Nr. 35, 29. August 1974.

Gundlach, Jens, „Heinrich Bölls 'Verlorene Ehre der Katharina Blum': Die Grenze zwischen Literatur und Agitation überschritten", Hannoversche Allgemeine Zeitung, 3. August 1974.

Kaiser, Joachim, „Heinrich Bölls 'Verlorene Ehre der Katharina Blum': Liebe und Haß der heiligen Katharina", Süddeutsche Zeitung, 10. August 1974.

Kesting, Hanjo, „Heinrich Bölls 'Verlorene Ehre der Katharina Blum': Die Kritiker lassen ihre Tarnkappen fallen", Der Vorwärts, 19. Dezember 1974, Sp. Kultur.

K.F., „Heinrich Bölls 'Verlorene Ehre der Katharina Blum': Der neue Böll", Südwest-Presse Ulm, 31. Mai 1974.

Lattmann, Dieter, „Heinrich Bölls 'Verlorene Ehre der Katharina Blum': Böll und sein Buch des Anstoßes", Der Vorwärts, Bonn, 15. August 1974.

Linder, Christian, „Heinrich Bölls 'Verlorene Ehre der Katharina Blum': Eine Auseinandersetzung mit der Skandalpresse", Kölner Stadtanzeiger, 10. August 1974.

Ludwig, Martin H., „Heinrich Bölls 'Verlorene Ehre der Katharina Blum': Wie Rufmord entsteht", Gemeinsame Zeitung – Katholische Arbeitnehmerbewegung, Dezember 1974.

Michaelis, Rolf, „Heinrich Bölls 'Verlorene Ehre der Katharina Blum': Der gute Mensch von Gemmelbroich", Die Zeit, 2. August 1974, Sp. Literatur.

Naumann, Horst, „Heinrich Bölls 'Verlorene Ehre der Katharina Blum': Unvermeidliche Parallelen", Die Tat, Nr. 48, 30. November 1974.

Nationalzeitung, o.Verf., „Heinrich Bölls 'Verlorene Ehre der Katharina Blum'": Basel, 24. August 1974.

M.R., „Heinrich Bölls 'Verlorene Ehre der Katharina Blum': Bölls Rache", Allgemeine Zeitung Mainz, 30. Juli 1974.

Ramseger, Georg, „Heinrich Bölls 'Verlorene Ehre der Katharina Blum': Bölls Rache – Entertainment", Allgemeine Zeitung Mainz, 17. August 1974.

Scheller, Wolf, „Heinrich Bölls 'Verlorene Ehre der Katharina Blum': Wie Heinrich Böll mit einer gewissen Presse abrechnet", Braunschweiger Zeitung, 22. August 1974.

Schulz, Uwe, „Heinrich Bölls 'Verlorene Ehre der Katharina Blum': Ein hochsensibles Menetekel der Macht", Düsseldorfer Handelsblatt, 16. August 1974.

Wallmann, Jürgen P., „Heinrich Bölls 'Verlorene Ehre der Katharina Blum': Der Racheakt des Schriftstellers", Mannheimer Morgen, 30. Juli 1974.

Zehm, Günter, „Heinrich Bölls 'Verlorene Ehre der Katharina Blum': Heinrich der Grätige", Die Welt, Ausgabe B, Berlin-West, 16. August 1974.

Chemie

Th. Bokorny

Chemie-Gerüst

Wegweiser und Ratgeber für Schüler und Abiturienten.
14. Auflage
128 Seiten

Bestell-Nr. 0674-2

Dieses kurze, in Tabellenform abgefaßte, Vademecum der Chemie soll kein Lehrbuch oder Lexikon sein, sondern die großen Linien und wissenswerten Teile der modernen Chemie übersichtlich klar und einprägsam veranschaulichen und in Erinnerung bringen.

Thomas Neubert

Chemische Formelsammlung 9.-10. Klasse

36 Seiten

Bestell.-Nr. 0685-8

Hier wurden die wesentlichen Formeln mit Ihren Anwendungsmöglichkeiten aufgezeichnet. Für den Schulunterricht und für häusliches Arbeiten ein wichtiges Hilfsmittel – echte Lernhilfe!

Deutsch

Bernd Matzkowski

Basisinterpretationen für den Literatur- und Deutschunterricht III

Untersuchungen und didaktische Hinweise zum Volksbuch Till Eulenspiegel.

Hinweise auf den Schelmenroman.

80 Seiten

Bestell-Nr. 0598-3

Sachanalyse - Ausgewählte Historien - Motivquerverbindungen zu Schelmenromanen des 16. und 17. Jahrhunderts - Vorschläge für die Behandlung im Unterricht u.a.

Bernd Matzkowski/Ernst Scott

Basisjnterpretattonen für den Literatur- und Deutschunterricht IV

36 moderne deutsche Kurzgeschichten mit Arbeitsfragen.

112 Seiten

Bestell-Nr. 0599-1

Interpretation der Kurzgeschichten **mit Arbeitsfragen** zu
ARBEITSTEXTE FÜR DEN UNTERRICHT (Reclam)
Deutsche Kurzgeschichten 11.-13. Schuljahr und Pratz/Tiel:
NEUE DEUTSCHE KURZGESCHICHTEN
(Deisterweg)

Karin Cohrs/Martin H. Ludwig

Basisinterpretationen für den Literatur- und Deutschunterricht V

Romane und Novellen des 19. Jahrh.

120 Seiten

Bestell-Nr. 0631-9

Aus dem Inhalt:
Einleitung, Politik und Kultur des 19. Jahrhunderts - Interpretationen ausgewählter Romane und Novellen.

Kurzbiographie des Dichters - Entstehung des Werkes - Inhalt - Charaktere - Situationen - Erschließung des Textes (stilistische Besonderheiten, literaturhistorischer Rahmen, gesellschaftliche und politische Bezüge usw.). Arbeitsfragen.
Hoffmann, Das Fräulein von Scuderi - Kleist, Das Erdbeben in Chili - Mörike, Maler Nolten - Gotthelf, Wie Uli der Knecht glücklich wird - Storm, Immensee - Droste-Hülshoff, Die Judenbuche - Raabe, Die Akten des Vogelgesangs - Fontane, Der Stechlin - Eichendorff, Aus dem Leben eines Taugenichts - Keller, Die drei gerechten Kammacher - Storm, Hans und Heinz Kirch - Raabe, Die schwarze Galeere - Fontane, Schach von Wuthenow - Hauptmann, Bahnwärter Thiel

Rüdiger Giese/Christian Floto

Basisinterpretationen für den Literatur- und Deutschunterricht VI

Romane und Novellen aus dem 20.Jahrhundert

112 Seiten

Bestell-Nr. 0473-1

Schnitzler, Leutnant Gustl - Mann, Tod in Venedig - Kafka, Die Verwandlung - Hesse, Der Steppenwolf - Kästner, Fabian - Mann, Mephisto - Zweig, Schachnovelle - Böll, Haus ohne Hüter - Wolf, Der geteilte Himmel - Kempowski, Tadellöser und Wolff

Bausteine - Deutsch

stellt detaillierte Unterrichtsstunden zur Behandlung unterschiedlichster Texte für die Sekundarstufen I und II vor.

Anordnung der Stunden als Sequenzen - Texte und Textanalysen - Didaktisch-methodische Arbeitshinweise - praktisch zu handhaben.

Angesprochen sind Lehrer und Lehramtsanwärter aller Schulformen.

Autoren sind: Praktiker - Ausbilder - Fachwissenschaftler aus allen Schulformen.

Bausteine Lyrik I

Spiel mit Sprache/Lyrischer Humor/Konkrete Poesie

Bestell-Nr. 0650-5

Bausteine Lyrik II

Balladen/Modernes Erzählgedicht/Chanson/Politische Lyrik/Thema- und Motivverwandtschaft.
Bestell-Nr. 0651-3

Gerhart Hauptmann: Die Weber
Bestell-Nr. 0652-1

Max Frisch: Homo Faber
Bestell-Nr. 0653-X

Theodor Storm: Pole Poppenspäler
Bestell-Nr. 0654-8

Albert Camus: Die Pest
Bestell-Nr. 0655-6

George Orwell: 1984/Animal Farm
Bestell-Nr. 0656-4

Thomas Mann: Tonio Kröger
Bestell-Nr. 0657-2

Goethe-Plenzdorf: Werther
Bestell-Nr. 0658-0

Theodor Storm: Schimmelreiter
Bestell-Nr. 0659-9

Gotth. E. Lessing: Nathan der Weise
Bestell-Nr. 0660-2

Fr. Dürrenmatt:
Der Richter und sein Henker
Bestell-Nr. 0661-0

Joh. W. von Goethe: Faust I/II
Bestell-Nr. 0662-9

Jos. v. Eichendorff: Taugenichts
Bestell-Nr. 0663-7

Hermann Hesse: Der Steppenwolf
Bestell-Nr. 0664-5

Franz Kafka: Kurze Prosaformen
Bestell-Nr. 0665-3

Joh. Wolfg. von Goethe:
Iphigenie auf Tauris
Bestell-Nr. 0666-1

Bert Brecht: Leben des Galilei
Bestell-Nr. 0667-X

Dichtung in Theorie und Praxis

Texte für den Unterricht

Mit dieser Serie von Einzelheften legt der BANGE-VERLAG Längs- und Querschnitte durch Dichtungs-(Literatur) Gattungen für die Sekundarstufen vor.
Jeder Band ist - wie der Reihentitel bereits aussagt - in die Teile Theorie und Praxis gegliedert; darüber hinaus werden jeweils zahlreiche Texte geboten, die den Gliederungsstellen zugeordnet sind. Ein Teil Arbeitsanweisungen schließt sich an, der entweder Leitfragen für die einzelnen Abschnitte oder übergeordnete oder beides bringt.
Wir hoffen bei der Auswahl der Texte eine „ausgewogene Linie" eingehalten und die Bände für die Benutzer wirklich brauchbar gestaltet zu haben.

Bestell-Nr.

450 Die Lyrik
451 Die Ballade
452 Das Drama
453 Kriminalliteratur
454 Die Novelle
455 Der Roman
456 Kurzprosa
(Kurzgeschichte, Kalendergeschichte/ Skizze/Anekdote)
457 Die Fabel
458 Der Gebrauchstext
459 Das Hörspiel
460 Trivialliteratur
461 Die Parabel
462 Die politische Rede
463 Deutsche Lustspiele und Komödien

Egon Ecker

Wie interpretiere ich Novellen und Romane?

Methoden und Beispiele

180 Seiten - 3. veränderte Auflage

Bestell-Nr. 0686-6

Notizen zur Betrachtung eines dichterischen Textes - zur Technik der Interpretation.

Beispiele:
Keller, Drei gerechte Kammacher

Novellen:
Büchner, Lenz - Storm, Schimmelreiter - Andres, Die Vermummten

Romane:
Mann, Königl. Hoheit - Frisch, Homo Faber - Andres, Knabe im Brunnen - Andersch, Sansibar.
Zur Theorie der Novelle - Zur Theorie des Romans - Gliederungsvorschläge - Themenvorschläge - Literaturverzeichnis

Epochen deutscher Literatur

Kurzgefaßte Abhandlung für den Deutschunterricht an weiterführenden Schulen.

Bestell.-Nr. 0480
Die deutsche Romantik I
Frühromantik

Bestell.-Nr. 0481
Realismus des 19. u. 20. Jahrhunderts

Bestell.-Nr. 0482
Impressionismus und Expressionismus

Bestell.-Nr. 0483
Sturm und Drang

Bestell.-Nr. 0484
Die deutsche Romantik II
Spätromantik

Bestell.-Nr. 0485
Die Deutsche Klassik

Bestell.-Nr. 0486
Von der Aufklärung zum Sturm und Drang
Literaturgeschichtliche Querschnitte

Bestell.-Nr. 0487
Deutsche Dichtung des Barock

Textanalyse 1 Umgang mit fiktionalen (literarischen) Texten

152 Seiten

Bestell-Nr. 0641-6

Aus dem Inhalt:
I. Der Begriff des fiktionalen Textes: Das "Ästhetische" der Literatur - Betrachtungsweisen von Literatur - Literarische Wertung.

II. Probleme der Interpretation: Der Prozeß des "Verstehens" - Methoden der Literaturinterpretation - Arbeitstechniken (Textwiedergabe / Texterarbeitung / Texterörterung).

III. Beispiele für Interpretationen: Epische Texte - Dramatische Texte - Gedichte.
IV. Massenliteratur.

Textanalyse 2
Umgang mit nichtfiktionalen (Gebrauchs-)Texten

144 Seiten

Bestell-Nr. 0642-4

Aus dem Inhalt:
I. Der Textbegriff.
II. Eine Typologie von Gebrauchstexten.
III. Bedingungen der Textanalyse.
IV. Methoden der Textanalyse: Textwiedergabe - Textbeschreibung - Texterörterung.
V. Beispiele für Textanalysen: Darstellende Texte (Sachtexte/Wissenschaftliche Texte) - Werbende Texte (Werbetexte/Politische Reden) - Gesetzestexte.

Robert Hippe
Umgang mit Literatur

2. Auflage, 116 Seiten

Bestell-Nr. 0564-9

Definition von Literatur - Grundformen von Literatur - Merkmale der Lyrik - Merkmale der Epik - Merkmale der Dramatik - Formprobleme der Literatur - Aufbauprobleme in der Literatur - Arten der Interpretation - Was ist Interpretation - Literatur und Wirklichkeit u.v.a.

Robert Hippe
Sprach- und Textbetrachtung

132 Seiten

Bestell-Nr. 0569-X

Sprachbetrachtung

Historisch - Theorien über die Entstehung der Sprache(n) - Die indogermanische (idg.) Sprachfamilie - Die geschichtliche Entwicklung des Hochdeutschen - Lehn- und Fremdwörter - Sprachrätsel und Sprachspiele - Auswahl-Bibliographie.
Systematisch - Grammatik - die traditionelle Grammatik - Die generative Transformationsgrammatik - Die strukturelle Grammatik.

Textbetrachtung

Allgemeines - Definition von Text - Textsorten - Beispiele - Übungen - Auflösung der Rätsel.

Robert Hippe
Kurzgefaßte deutsche Grammatik und Zeichensetzung

9. Auflage, 72 Seiten

Bestell-Nr. 0515-0

Ein Abriß der deutschen Grammatik systematisch und fundamental dargeboten; beginnend mit den Wortarten, Betrachtung der Satzteile und Nebensätze bis zu den Satzzeichen, Beispiele durchsetzen das Ganze und Lösungen sollen Fehler auffinden helfen. Ein nützliches, in Tausenden von Exemplaren bewährtes, Übungs- und Nachhilfebuch.

Robert Hippe
Interpretationen zu 62 ausgewählten motivgleichen Gedichten

mit vollständigen Gedichtstexten
7. Auflage, 120 Seiten

Bestell-Nr. 0587-7

Der Verfasser hat die wiedergegebenen Interpretationen und Auslegungen in langen Gesprächen und Diskussionen mit Oberprimanern erarbeitet. Die hier angebotenen Deutungsversuche erheben keinen Anspruch auf die einzig möglichen oder richtigen, sondern sollen Ausgangspunkte für Weiterentwicklungen und Erarbeitungen sein.
Aus dem Inhalt: Themen wie Frühling - Herbst - Abend und Nacht - Brunnen - Liebe - Tod - Dichtung u.v.a.

Robert Hippe
Interpretationen zu 50 modernen Gedichten

mit vollständigen Gedichtstexten
5. Auflage, 136 Seiten

Bestell-Nr. 0597-5

Der vorliegende Band verspricht Interpretationshilfe und Deutungsversuche - in unterschiedlicher Dichte und Ausführlichkeit - für 50 moderne Gedichte. Materialien und Auswahlbibliographie geben den Interessenten Hilfen für den Deutsch- und Literaturunterricht. Für den Lehrer eine echte Bereicherung zur Vorbereitung des Unterrichts.

Aus dem Inhalt: Lasker-Schüler - Hesse - Carossa - Benn - Britting - Brecht - Eich - Kaschnitz - Huchel - Kästner - Bachmann - Piontek - Celan - Härtling - Reinig - Grass - Enzensberger u.v.a.

Interpretationen motivgleicher Gedichte in Themengruppen

mit vollständigen Gedichtstexten

Band 1:
Edgar Neis
Der Mond in der deutschen Lyrik

2. Auflage, 80 Seiten

Bestell-Nr. 0620-3

Arp - Bischoff - Borchert - Boretto - Britting - Brokkes - Bürger - Claudius - Däubler - Droste-Hülshoff - Geibel - Gleim - Goethe - Härtling - Heine - Holz - Klopstock - Krähenbühl - Krolow - Lange - Lehmann - Leonhard - Lichtenstein - zur Linde - Maurer - Morgenstern - Rasche - Rühmkorf - v. Stollberg - Trakl - v.d. Vring - Werfel - Wiens.

Band 2:
Edgar Neis
Politisch-soziale Zeitgedichte
3. Auflage, 112 Seiten
Bestell-Nr. 0621-1
Bachmann - Biermann - Brecht - Bürger - Celan - Dehmel - Domin - Enzensberger - Le Fort - Freiligrath - Gryphius - Hädecke - Hagelstange - Heine - Herwegh - Keller - Kerr - Logau - Marti - Platen - Sabias - Salis - Schenkendorf - Schiller - Schreiber - Schubart - Tucholsky - W.v.d. Vogelweide - Weitbrecht - Wildenbruch.

Band 6:
Robert Hippe
Die Jahreszeiten im deutschen Gedicht
2. Auflage, 80 Seiten
Bestell-Nr. 0625-4
Benn - Britting - Claudius - George - Gerhardt - Goes - Goethe - Hagedorn - Heine - Hebbel - Hesse - Hofmannsthal - Hölderlin - Hölty - Huchel - Lenau - Logau - C.F. Meyer - Mörike - Rilke - Stadler - Storm - Trakl - Uhland - W.v.d. Vogelweide.

Band 7:
Robert Hippe
Deutsche politische Gedichte
2. Auflage 68 Seiten
Bestell-Nr. 0626-2
Baumann - Biermann - Becher - Below - Brecht - Delius - Enzensberger - Fried - Fürnberg - Gomringer - Grass - Heine - Hoffmann v. Fallersleben - Holzapfel - Karsunke - Kunert - Luckhardt - Morawietz - Pottier - Radin - v. Saar - Scherchen - Schneckenburger - U. Schmidt - Schuhmann- Vesper - Walraff - Weinheber - Wessel - Zimmerling.

Band 8:
Edgar Neis
Die Welt der Arbeit im deutschen Gedicht
100 Seiten
Bestell-Nr. 0627-0
Barthel - Bartock - Billinger - Brambach - Bröger - Chamisso - Dehmel - Dortu - Engelke - Freiligrath - Grisar - Heine - Herwegh - Jünger - Krille - Lersch - Lessen - Naumann - Petzold - Pfau - Piontek - Rilke - Schreiber - Seidel - Weerth - Weinheber - Wieprecht - Winckler - Zech.

Band 9:
Edgar Neis
Deutsche Tiergedichte
136 Seiten
Bestell-Nr. 0628-9
Barth - Bergengruen - Billinger - Boretto - Brecht - Britting - Busch - Claes - Dauthendey - Dehmel - Domin - Droste-Hülshoff - Eggebrecht - Eich - Freiligrath - Gellert - Gleim - Goethe - Grillparzer - Groth - Härtling - Hagedorn - Haushofer - Hausmann - Hebbel - Heine - Hesse - Huchel - F.G. Jünger - W. Lehmann - Liliencron - A.G. Kästner - Keller - Kolmar - Krolow - C.F. Meyer - Morgenstern - Pfeffel - Piontek - Rilke - Ringelnatz - Eugen Roth - N. Sachs - Schaefer - Trakl - Vring - Weinheber - Wiedner - Zachariae - Zuckmayer.

Interpretationen zeitgenössischer deutscher Kurzgeschichten

Karl Brinkmann
5. Auflage, 80 Seiten
Bestell-Nr. 0602-5
Band 3: Aichinger, Plakat - Alverdes, Die dritte Kerze - Böll, Damals in Odessa / Mann mit den Messern / Lohengrins Tod / Wanderer kommst du nach Spa ... - Borchert, Die lange, lange Straße lang / Generation ohne Abschied / Lesebuchgeschichten - Eisenreich, Ein Augenblick der Liebe - Gaiser, Brand im Weinberg / Du sollst nicht stehlen - Langgässer, Die zweite Dido / Glück haben - Lenz, Jäger des Spottes - Schnurre, Die Tat - Spang, Seine große Chance - Spervogel, Hechtkönig - Wiechert, Hauptmann v. Kapernaum / Hirtenknabe.

Martin Pfeifer
4. Auflage, 84 Seiten
Bestell-Nr. 0603-3
Band 4: Aichinger, Hauslehrer / Nichts und das Boot - Bender, Die Wölfe kommen zurück - Böll, Über die Brücke / Es wird etwas geschehen - Brecht, Mantel des Ketzers - Britting, Brudermord im Altwasser - Eich, Züge im Nebel - Ernst, Das zweite Gesicht - Fallada, Lieber Hoppepoppel - Franck, Taliter - Hesse, Beichtvater / Bettler - Johnson, Jonas zum Beispiel - Kusenberg, Eine ernste Geschichte - Langgässer, Saisonbeginn - Le Fort, Frau des Pilatus - Meckauer, Bergschmiede - Pohl, Yannis letzter Schwur - Rinser, David - Schäfer, Hirtenknabe - Schallück, Der Tod hat Verspätung - v. Scholz, Das Inwendige - Walser, Ein schöner Sieg - Weisenborn, Aussage.

Edgar Neis
3. Auflage, 56 Seiten
Bestell-Nr. 0604-1
Band 5: Borges, Das geheime Wunder - Calderón, Invasion - Callaghan, ein sauberes Hemd - Campos, Solidarität - Carson, Ein Mädchen aus Barcelona - Hemingway, Die Killer - Huxley, Schminke - Joyce, Eveline - Katajew, Die Messer - Mansfield, Für sechs Pence Erziehung - Manzoni, Die Repräsentiertasse - Olescha, Aldebaran - Saroyan, Vom Onkel des Barbiers, dem von einem Zirkustiger der Kopf abgebissen wurde - Sartre, Die Mauer - Timmermans, Die Maske.

Rudolf Kanzler
64 Seiten
Bestell-Nr. 0606-8
Band 7: Aichinger, Die Silbermünze - Altendorf, Der Knecht Persenning - Andersch, Ein Auftrag für Lord Glouster - Bauer, Hole deinen Bruder an den Tisch - Britting, Der Gang durchs Gewitter - Dörfler, Der Kriegsblinde - Hesse, Das Nachtpfauenauge - Hildesheimer, Der Urlaub - Kaschnitz, Gespenster - Lenz, Die Nacht im Hotel - Th. Mann, Das Eisenbahnunglück - Noack, Die Wand - Ohrtmann, Der Sched ist wieder da - Rinser, Der fremde Knabe - Schallück, Unser Eduard - Wiechert, Mein erster Adler.

Wolfgang Kopplin

Kontrapunkte

160 Seiten

Bestell-Nr. 0547-9

Kontroversinterpretationen zur modernen deutschsprachigen Kurzprosa.
Prosatexte, zwischen 1963 und 1975 entstanden, dienen dem Autor dazu, die dialektische Methode des Pro und Kontra als Interpretationsansatz anzuwenden. Dem Primärtext schließen sich jeweils die Kontroversinterpretationen an. Ein Buch, welches Anregungen zum Verstehen und zur Entschlüsselung von Texten gibt.
Inhalt: Texte von Artmann - Bichsel - Dellin - Gerz - Gregor - Kunert - Reinig - Schnurre u.a. werden in einer Pro- und Kontra-Interpretation vorgestellt.

Albert Lehmann

Erörterungen

Gliederungen und Materialien
Methoden und Beispiele

5. verb. Auflage, 184 Seiten

Bestell-Nr. 0692-0

Die vorliegende Sammlung von 58 Gliederungen, die durch Erläuterungen - vornehmlich Beispiele - zu den einzelnen Gliederungspunkten erweitert sind, sollen die Wiederholung des Jahresstoffes erleichtern.
Stoffkreisthemen: Natur - Tourismus - Technik - Freizeit - Arbeit/Beruf - Konflikte zwischen den Generationen - Drogen - Kinder und Familie - Die Stellung der Frau in der Gesellschaft - Sport - Massenmedien und viele Einzelthemen.

Für Lehrer ein unentbehrliches Nachschlage- und Vorbereitungsbuch.

Martin H. Ludwig

Das Referat

Kurze Anleitung zu einer Erarbeitung und Abfassung für Schüler und Studenten.

4. Auflage

Bestell-Nr. 0646-7

Planen und Sammeln - Bibliographieren - Schreiben und Zitieren - Lesen und Notieren - Auswerten und Gliedern - Der Text - Der Vortrag.

Martin H. Ludwig

Praktische Rhetorik

Reden - Argumentieren - Erfolgreich verhandeln

3. Auflage

Grafiken - 136 Seiten

Bestell.-Nr. 0688-2

Praktische Rhetorik ist ein Übungsfeld für jedermann! Ob bei der Sammlung von Gedanken, bei der Konzentration der Argumente, bei der Gestaltung einer Rede, in der Rücksichtnahme auf den Verhandlungspartner, bei der Vorsicht vor „gefährlichen" Redewendungen.

Aus dem Inhalt: Formale Rhetorik - Dekorative Rhetorik - Verwendung von Argumenten in der Verhandlung - Psychologie in der Verhandlung - Einzelne Techniken zur Durchsetzung von Anliegen - Positive Verhandlungstechniken - Wie wehre ich mich gegen ...? - Typische Verhandlungssituation - Wann sind welche Techniken angebracht?

Martin H. Ludwig/
Eckhard Ostertag

Lernen - Qual oder Zufall?

Vademecum der Lernarbeit
160 Seiten

Bestell-Nr. 063-4

Dieses Buch ist für solche Menschen geschrieben, die aus eigenem Antrieb lernen möchten, die eine Hilfe und Anleitung für ein leichteres und effektiveres Lernen gebrauchen können.

Aus dem Inhalt: – Warum Lernen lernen? – Wer lernt was warum? – Unter welchen Voraussetzungen lernen wir? – Wie lernen? – Wie lange lernen? – Wieviel lernen? – Wann lernen? – Wie oft lernen? – Womit lernen? – Wo lernen? – Lernen - ein Abenteuer mit sich und mit anderen – Wie das Gelernte festigen? Das eigene Mehrkanalprogramm – Lernen macht Spaß! – Checklisten und Übersichten

Methoden und Beispiele der Kurzgeschichten-Interpretation

4. Auflage, 114 Seiten

Bestell-Nr. 0691-2

Herausgegeben und erstellt von einem Arbeitskreis der Pädagog. Akademie Zams.

Methoden: Werkimmanente, existenzialistische, grammatische, stilistische, strukturelle, kommunikative, soziologische, geistesgeschichtliche, historisch/biographisch/symbolistische Methode.

Beispiele: Eisenreich - Cortázar - Dürrenmatt - Brecht - Horvath - Bichsel - Kaschnitz - Lenz - Weißenborn - Rinser - Borchert - Nöstlinger - Wölfel - Langgässer.

An Beispielen ausgewählter Kurzgeschichten werden die einzelnen Methoden der Interpretation demonstriert und erläutert. Information und Nachschlagewerk für den Unterricht in den Sekundarstufen.

Edgar Neis

Das neue große Aufsatzbuch

-Methoden und Beispiele des Aufsatzunterrichts für die Sekundarstufen I und II -

212 Seiten - 6. erweiterte Auflage

Bestell-Nr. 0636-X

Inhalt:
Zur Technik des Aufsatzschreibens - Stoffsammlung und Disposition - Wie schreibe ich eine Charakteristik? - Wie schreibe ich eine Erörterung? - Der dialektische Besinnungsaufsatz - Themen und Aufsätze zu Problemen unserer Zeit - Aufsätze zur Literatur - Wege der Texterschließung - Interpretationshinweise - Fachbegriffe der Aufsatzlehre (Lexikon der Terminologien) - Vorschläge für Aufsatzthemen - Themenkatalog für das Ende des 20. Jahrhunderts - Literaturnachweis.
Dieses Buch richtet sich an Lehrer und Schüler von Haupt-, Real- und Oberschulen (Gymnasien).
Breit einsetzbar in Grund- und Leistungskursen.

Edgar Neis

Deutsche Diktatstoffe -Unterstufe-

3. bis 7. Jahrgangsstufe
7. Auflage, 64 Seiten

Bestell-Nr. 0524-X

Eckhard Ostertag

Berufswahl - leichtgemacht

Der Fahrplan für eine systematische Berufsentscheidung
Grafiken – 112 Seiten

Bestell-Nr. 054-5

Was soll ich werden? – Welcher Beruf hat Zukunft? – Was kommt nach der Schule? – Wer hilft mir bei der Berufswahl? – Was kann ich tun, um nicht arbeitslos zu werden? – Wie bewerbe ich mich richtig? – Wie erhalte ich eine Lehrstelle? – Wie komme ich an einen Studienplatz?

Viele Fragen, Fragen, die heute oft nicht leicht zu beantworten sind. Existenzielle Fragen aber für alle jungen Menschen, die in einer Zeit des wirtschaftlichen und technologischen Umbruchs sich für einen Beruf entscheiden müssen.

Das vorliegende Buch will für alle Berufssuchende und deren Berater eine praktische Lebenshilfe geben. Es wird ein Fahrplan vorgelegt, der die vielfältigen Stationen des Berufswahlverlaufs übersichtlich und systematisch aufzeigt.

Reiner Poppe

Aufsätze im Deutschunterricht

für das 5.–10. Schuljahr

Themen - Techniken - Beispiele

120 Seiten

Bestell-Nr. 0464-2

Das Aufsatzbuch ist für Schüler und Schülerinnen der Sekundarstufe I verfaßt. Es setzt Materialien und Techniken, Beispiele und vermittelnde Information ein, um den Schüler zum Verfassen eigener Texte **methodisch** anzuleiten. Die im Kapitel 4 vorgetragenen Beispiele erfassen in **kommunikativen Anwendungssituationen** die wichtigsten Textsorten:
Erzählbericht - Bericht - Beschreibung - Erörterung - (dialektischer) Besinnungsaufsatz - Interpretation. Der Schwerpunkt liegt dabei auf **alltagsrelevanten, pragmatischen Varianten** dieser Grundformen (Brief, Klappentext, Bedienungsanleitung, Sachtext, Inhaltsskizze, Leserbrief etc.)

Gliederung: Aufsatzformen nach Jahrgangsstufen geordnet/'richtlinienkonform' - Themen zum Üben - Techniken-Hilfsmittel, Beispiele (exemplarisch) - Glossar - Literaturhinweise.

Klaus Sczyrba

50 Kurzdiktate

für das 4. - 7. Schuljahr
mit 250 Übungsmöglichkeiten

2. Auflage, 116 Seiten + Lösungsteil

Bestell.-Nr. 0477-4

Der bekannte Autor Klaus Sczyrba bringt wieder eigene Diktate für rechtschreibschwache Schüler und Schülerinnen zum häuslichen Arbeiten.

Für die Hand des Lehrers als Kurztest-Übungen im Unterricht bestens geeignet. Der Autor hat selbst im Unterricht erfolgreich damit gearbeitet.

Klaus Sczyrba

Komm, wir schreiben!

Rechtschreibübungsheft für das 2. und 3. Schuljahr

Format: DIN A4 - 40 farbige Illustrationen
3. Auflage - 36 Seiten

Bestell-Nr. 0614-9

Freude ist der Motor zum Erfolg. Nach diesem Grundsatz will der Autor den Kindern durch die lustbetonte, sehr abwechslungsreiche Art dieses Heftes den Weg zu Rechtschreibsicherung leicht machen. In frohem Tun werden fast unauffällig fundamentale Kenntnisse der Rechtschreibung angeeignet, ohne daß die Kinder dabei den Eindruck des Übens haben.

NEU!

Klaus Sczyrba

Komm, wir schreiben!

Rechtschreibübungsheft für das 3. und 4. Schuljahr

Format: DIN A4 - 60 farbige Illustrationen
3. überarb. Auflage – 60 Seiten

Bestell-Nr. 0699-8

Alle Übungen für die Kinder des 3. und 4. Schuljahres sind so angelegt, daß sie mit Freude durchgeführt werden. Sie enthalten kurzweilige Aufgaben, Reime und Rätsel. Die Richtigkeit der Lösungen kann leicht selbst überprüft werden.
Üben ist für Kinder oft freudlos und langweilig. Bei diesem Heft spüren sie aber nicht, daß "nur geübt" wird. In froher, zielstrebiger Arbeit wird fast unbewußt die Rechtschreibfertigkeit gesteigert.

NEU!

Klaus Sczyrba

Komm, wir schreiben!

Rechtschreibübungsheft für das 4. und 5. Schuljahr

Format DIN A 4 – 60 Seiten – Illustrationen

Bestell-Nr. 0479-0

Nachdem die beiden vorangegangenen Übungshefte 'Komm, wir schreiben!', einen so guten Anklang gefunden haben, folgt nun eins für die 4. und 5. Klasse. Es überbrückt den oft schwierigen Übergang von der Grundschule zu den weiterführenden Schulen im Bereich des Schreibens. Abwechslungsreiche, kurzweilige Übungen, die der Altersstufe angepaßt sind, lassen die Rechtschreibklippen überwinden und führen zur Schreibsicherheit.
Lösungen zur Selbstkontrolle sind angefügt.
Breit einsetzbar im Unterricht.

Klaus Sczyrba

Lebensnahe Diktate

für die Grundschule mit angeliederten Übungsmöglichkeiten für das **2. bis 4 Schuljahr**
5. Auflage - 152 Seiten + Lösungsheft

Bestell-Nr. 0610-6

Dieses Übungsbuch ist aus der Erfahrung langjähriger Schularbeit entstanden und soll den Kindern vom 2. bis 4. Schuljahr helfen, ihre Rechtschreibleistungen zu verbessern.
Dazu werden 150 Diktate geboten, die in Ausmaß und Schwierigkeitsgrad dem Alter der Kinder entsprechen.
Zur vertiefenden Behandlung aller Rechtschreibbereiche sind jedem Diktat eine Reihe Übungsmöglichkeiten beigefügt.

NEU!

Klaus Sczyrba

Lebensnahe Grammatik für die Sekundarstufe I

5.-10 Klasse
Mit 100 Übungen + Lösungsteil

3. Auflage – 128 Seiten

Bestell-Nr. 0474-X

Wesentliche Ursache für die Fehlerhäufigkeit in der Rechtschreibung ist in der mangelnden grammatischen Erkenntnis zu suchen.
Das Buch will hier Abhilfe schaffen. In übersichtlicher Anordnung bietet es in den für das Leben wichtigen Bereichen der Grammatik viele Beispiele und Übungsmöglichkeiten.

NEU!

Klaus Sczyrba

Schwierigkeiten mit der deutschen Grammatik

Übungen mit Lösungen

140 Seiten

Bestell-Nr. 0694-7

Der Autor gibt in diesem Buch Hilfestellung für alle, welche sich unsicher fühlen beim Umgang mit der deutschen Grammatik.
Anhand von vielen Beispielen und Übungen werden bestehende Regeln angewandt, aufgezeigt und vertieft.
Das Übungsbuch zur dt. Grammatik.

Klaus Sczyrba

Rechtschreib-Olympiade

Übungen mit Lösungen für die 5.-7. Klasse

136 Seiten + Lösungsheft

Bestell-Nr. 0475-8

Unser Erfolgsautor Klaus Sczyrba bringt mit diesem Band ein lebensnahes Rechtschreibbuch auf den Markt, welches durch seinen Wettbewerbcharakter sicher viele Übende ansprechen wird.
Kurze Übungstexte zu den Schwierigkeiten der deutschen Sprache werden allen Benutzern Hilfe geben und einprägsam zukünftige Fehler vermeiden helfen.

Englisch

Peter Luther/Jürgen Meyer

Englische Diktatstoffe

Unter- und Mittelstufe Sekundarstufe I

2. Auflage – 64 Seiten

Bestell.-Nr. 0647-5

Beginnend mit einfachsten Texten und Erklärungen wird hier der Benutzer der Bücher mit der englischen Grammatik, Wortlehre und Rechtschreibung vertraut gemacht. Die Texte geben Hinweise auf die Vorbereitung zur Nacherzählung und sind gestaffelt nach Schwierigkeiten und Themengruppen. Worterklärungen und Übungen zur Selbstkontrolle runden den Band ab.

Jürgen Meyer/Gisela Schulz

Englische Synonyme als Fehlerquellen

Übungssätze mit Lösungen

116 Seiten

Bestell.-Nr. 0596-7

Dieses Übungsbuch will helfen, die im Bereich der Synonyme immer wieder auftretenden Fehler zu vermeiden. Die Aufstellung ruht auf Beobachtungen, die die Verfasser im Unterricht gemacht haben und erhebt keinen Anspruch auf Vollständigkeit. Die Übungssätze wurden so formuliert, daß die wichtigen Bedeutungsnuancen so klar wie möglich hervortreten. Die zur Kontrolle beigefügten Lösungen geben an, ob und wo Fehler gemacht worden sind.

Jürgen Meyer

Deutsch-englische/ englisch-deutsche Übersetzungsübungen

9.–13. Klasse

3. Auflage - 104 Seiten

Bestell.-Nr. 0594-0

Texte für Fortgeschrittene, die ihre Kenntnisse in Wortanwendung und Grammatik erweitern und überprüfen wollen.
Zu den zeitgemäßen deutschen Texten wurden die Vokabeln und deren Anwendungsmöglichkeiten gegeben und erklärt.
Am Schluß des Bandes die englischen Texte zur Kontrolle.
Breit einsetzbar in den Sekundarstufen, Grund- und Leistungskursen.

Jürgen Meyer/Ulrich Stau

Englisch 5./6. Klasse

Übungen mit Lösungen

2. Auflage - 96 Seiten - Viele Zeichnungen

Bestell.-Nr. 0687-4

Der gesammte Stoff Englisch der 5. und 6. Klasse wird in diesem Nachhilfebuch wiederholt. Die Benutzer können anhand von Übungen ihr Wissen testen und im Lösungsteil nachschlagen.

Der Stoff wurde den einschlägigen Lehrwerken an den Schulen der verschiedenen Bundesländer angeglichen um eine Benutzung nicht von den verschiedenen Kriterien der Bundesländer abhängig zu machen.

Den Schülerinnen und Schülern wird hier echte 'Lernhilfe' geboten!

Jürgen Meyer
Übungstexte zur englischen Grammatik
9. – 13. Klasse

3. Auflage - 96 Seiten

Bestell.-Nr. 0567-3

Der Band enthält Übungsmaterial zu aktuellen Fragen, u.a. Sachtexte zu Personen, wissenschaftlichen Entdeckungen und zeitgeschichtlichen Ereignissen, die über das heutige Großbritannien und die USA informieren. Die Texte sind mit ausführlichen Hinweisen zu den Vokabeln sowie Übungen zur Syntax und zum Wortschatz versehen. Diskussionsvorschläge und ein sorgfältig aufbereiteter Schlüssel bieten zusätzliche Unterrichtshilfen. Das Buch ist sowohl für Gruppenarbeit als auch für das Selbststudium geeignet.

Edgar Neis
Wie schreibe ich gute englische Nacherzählungen?
8. Auflage - 84 Seiten

Bestell-Nr. 0526-6

Langjährige, im gymnasialen Englischunterricht auf der Mittel- und Oberstufe, sowie bei zahlreichen Abiturprüfungen gewonnene Erfahrungen haben zur Herausgabe dieses Buches geführt. Texterfassung und -darstellung, Wortschatzerweiterung, Regeln der Stillehre, Erzählstil, idiomatische Redewendungen, Homophone, unregelmäßige Verben, Comment u.v.a.
Musterbeispiele als Vorlagen für Lernende.

John A. S. Phillips
Englisch für Frustrierte
Ratgeber für Muß-Studenten und Schüler der englischen Sprache

2. Auflage – 116 Seiten – Illustriert

Bestell-Nr. 0478-2

Dieses Buch ist für Leute geschrieben, denen vielleicht doch noch zu helfen ist, ihre verlorengegangene Freude an der englischen Sprache zurückzugewinnen. John A. S. Phillips, Lektor für Englisch an der Universität Bayreuth, Verfasser mehrerer humorvoller und skurriler Bücher, hat kein Lehrbuch im üblichen Sinne geschrieben. Es ist aber auch kein Amüsierbuch allein; dazu ist es dem Verfasser mit den Menschen, die seine Sprache lernen wollen, viel zu ernst.
Der Leser lernt viel, ohne belehrt zu werden. Was er bietet, will und kann kein systematisches Lehrbuch ersetzen, wohl aber „background" schaffen, bei Kennern der Sprache manches Tüpfelchen auf das „i" setzen und, wie erwähnt (– so auch der Titel –), Frustrierte wieder mobilisieren.
Enjoy it ...

Französisch

Klaus Bahners
Französischunterricht in der Sekundarstufe II
(Kollegstufe)

Texte - Analysen - Methoden

104 Seiten

Bestell-Nr. 0565-7

Dieses Buch wendet sich an alle, die jetzt oder künftig auf der neugestalteten Oberstufe (Sekundarstufe II) Französischunterricht erteilen; vor allem an jüngere Kollegen und Referendare, aber auch an Studenten, die sich auf den Übergang vom wissenschaftlichen Studium zur pädagogischen Umsetzung vorbereiten wollen.

Paul Kämpchen
Französische Texte zur Vorbereitung auf die Reifeprüfung
80 Seiten

Bestell-Nr. 0522-3

Übungen für Grammatik, des Stils und eine der Prüfungsarten - die Nacherzählung - sollen hier dem Anwärter zur Prüfung nahegebracht werden. Kurze und lange Nacherzählungstexte mit Worterklärungen stehen hier als Übungstexte zur Verfügung.
Der Schüler oder Student kann anhand dieser Kurzgeschichten seine sprachliche Beweglichkeit unter Beweis stellen. Kleine und leichte Stücke, die sich nur für Anfänger und wenig Fortgeschrittene eignen, wurden weggelassen.

Alfred Möslein/
Monique Sickermann-Bernard
Textes d'étude
64 Seiten

Bestell-Nr. 0523-1

25 erzählende Texte aus der neueren französischen Literatur als Vorlagen für Nacherzählungen und Textaufgaben.
Durch unterschiedliche Längen und Schwierigkeitsgrade, sowie durch breitgefächerte Thematik eignen sich diese Texte als Lektüre und Ausgangspunkt für Diskussionen im Unterricht. In den "Suggestions" findet man einige Anregungen für Übungen, die sich an die reine Textbehandlung anschließen können. Die Worterklärungen sollen das Verständnis der Texte erleichtern.

Werner Reinhard

Französische Diktatstoffe Unter- und Mittelstufe

1./2. Unterrichtsjahr, sowie 3./4. Unterrichtsjahr

5. Auflage - 96 Seiten

Bestell-Nr. 0532-0

Die nach dem Schwierigkeitsgrad geordneten Texte sind überwiegend Erzählungen und Berichte von Begebenheiten des täglichen Lebens, wobei unbekannte Vokabeln beigegeben sind. Mit den Texten lernt der Schüler die gehobene Umgangssprache, d.h. Vokabular und Wendungen, die er später für eigene Textproduktionen verwenden kann. Den Texten vorangestellt sind Bemerkungen zur Rechtschreibung, die nützliche Rechtschreibregeln enthalten.

Werner Reinhard

Übungstexte zur französischen Grammatik

9. - 13. Klasse

3. Auflage - 128 Seiten

Bestell-Nr. 0543-6

"Übungstexte zur französischen Grammatik" wendet sich an Lernende, die bereits einige grammatische Kenntnisse haben, sie jedoch festigen und vertiefen wollen. Es eignet sich aufgrund umfangreicher Vokabelangaben, sowie des ausführlichen Lösungsteils, zum Selbststudium und vermag bei Schülern ab Klasse 9 Nachhilfeunterricht zu ersetzen.
Die textbezogenen Aufgaben berücksichtigen insgesamt die wichtigsten grammatischen Gebiete, ein Register ermöglicht auch systematisches Vorgehen.

Christine und Gert Sautermeister

Der sichere Weg zur guten französischen Nacherzählung

-Zur Methodik des Hörens und Schreibens im Französischunterricht-

118 Seiten

Bestell-Nr. 0534-7

Der erste Teil des Buches will auf die Bedingungen richtigen Hörens aufmerksam machen und Wege zum besseren Hören skizzieren. Der zweite Teil gibt Anregungen, die Grundrisse des Textes, der Gelenkstellen, Höhepunkte, Pointen nochmals zu vergegenwärtigen.
Spezifische Formulierungsprobleme der Nacherzählung entfaltet der dritte Teil.

Werner Reinhard

Kurze moderne Übungstexte zur französischen Präposition

120 Seiten

Bestell-Nr. 0568-1

In einem lexikalischen Teil gibt das Übungsbuch zunächst einen Überblick über die Anwendung der wichtigsten Präpositionen. Auch die Präposition als Bindeglied zwischen Verb und Objekt bzw. Infinitiv (vor allem à und de) wird berücksichtigt. Listen erleichtern dabei systematisches Lernen.

Im anschließenden Übungsteil kann der Benutzer seine Kenntnisse überprüfen. Vorherrschende Methode ist die Einsatzübung. Mit dem Lösungsteil eignet sich das Buch gut zum Selbststudium. Einsetzbar für den Unterricht in den Sekundarstufen.

Geschichte

NEU!

Peter Beyersdorf

Geschichts-Gerüst

von den Anfängen bis zur Gegenwart

4 Teile in einem Band

228 Seiten

Bestell-Nr. 0551-7

Der Primaner, der das „Skelett" dieses „Gerüstes" beherrscht, sollte allen Prüfungsanforderungen gewachsen sein!

Das vorliegende Werk will kein Ersatz für bereits bewährte Bücher ähnlicher Art sein, sondern einem **Auswahlprinzip** huldigen, das **speziell auf Gymnasien,** kurz **alle weiterführenden Schulen zugeschnitten** ist. Daher erklärt sich die drucktechnische Hervorhebung des besonders Wesentlichen (Fettdruck).
Teil I: Von der Antike bis zum Beginn der Völkerwanderung (ca. 3000 v. Chr. bis 375 n. Chr.)
Teil II: Von der Völkerwanderung bis zum Ende des Mittelalters (375 – 1268)
Teil III: Vom Übergang zur Neuzeit bis zum Ende des 1. Weltkrieges (1268 – 1918)
Teil IV: Vom Beginn der Weimarer Republik bis zur Gegenwart (1918 – 1993)

Mathematik

Bernd Hofmann

Algebra 1

Mathematikhilfe für die 7./8. Jahrgangsstufe weiterführender Schulen

216 Seiten

Bestell-Nr. 0580-0

Friedrich Nikol
Lothar Deutschmann

Algebra 2

Übungs- und Wiederholungsbuch für die 9. und 10. Jahrgangstufe

168 Seiten - Viele Abbildungen

Bestell-Nr. 0645-9

Lothar Deutschmann

Mathematik

Wegweiser zur Abschlußprüfung
Mathematik I, II und III an Realschulen

Anhang: Reifeprüfungsaufgaben mit Lösungen 1980/1981/1982/1983

168 Seiten + 121 Abb.

Bestell-Nr. 0644-0

Ein erfahrener Pädagoge erteilt Nachhilfeunterricht in Mathematik.

In anschaulicher Weise werden den Benutzern Aufgaben aus der Mathematik an Realschulen vorgeführt, erklärt und mit Lösungsweg und Lösungen beschrieben.

Georg Ulrich/Paul Hofmann

Geometrie zum Selbstunterricht

Ein vollständiger Lehrgang der Geometrie zum Selbstunterricht und zur Wiederholung und Nachhilfe. Von der elementaren Geometrie über die Differential- und Integralrechnung bis zur Integralgleichung bieten die Bände den gesamten Stoff der Oberschulen bis zur Sekundarstufe II.
Übungsaufgaben mit Lösungen erleichtern die Verfolgung des Rechenweges und deren Einprägung und Verstehen.

1. Teil:

Planimetrie
172 Seiten
Bestell-Nr. 0576-2

2. Teil:

Trigonometrie
136 Seiten
Bestell-Nr. 0540-1

3. Teil:

Stereometrie
148 Seiten
Bestell-Nr. 0577-0

Philosophie

Robert Hippe

Philosophie-Gerüst

Teil 1 -96 Seiten

Bestell-Nr. 560-6

Der erste Band des Philosophie-Gerüsts will an die Geschichte der abendländischen Philosophie heranführen, dem Leser einen Überblick über die Jahrhunderte philosophischen Denkens geben.
Aus dem Inhalt: Was ist Philosophie? Die griechische Philosophie - Die hellenistisch-römische Philosophie - Die Philosophie des Christentums - Die Philosophie des Mittelalters, im Zeitalter der Renaissance und des Barock - Die Philosophie von der Aufklärung bis zu Hegel - Die Philosophie der Gegenwart.
Anhang - Bibliographie u.a.

Teil 2 - 80 Seiten

Bestell-Nr. 561-4

Im zweiten Band werden die Disziplinen der reinen und angewandten Philosophie behandelt und dem Benutzer ein Überblick über den gewaltigen Umfang des Bereichs der Philosophie gegeben.
Aus dem Inhalt: **Die Disziplinen der reinen Philosophie:** Logik und Dialektik - Psychologie - Erkenntnistheorie - Ontologie und Metaphysik - Ethik - Ästhetik.
Die Disziplinen der angewandten Philosophie: Naturphilosophie und Philosophie der Mathematik - Geschichtsphilosophie - Rechts- und Religionsphilosophie - Philosophische Anthropologie und Existenzphilosophie - Sprachphilosophie.
Philosophie und Weltanschauung
Bibliographischer Anhang u.a.

NEU!

Edgar Neis

Klassische Dramen und Erzählungen aus heutiger Sicht

Eine Herausforderung an die heutige Zeit

116 Seiten - Format DIN A 5 - Kart. ca. **DM 18,–**

Bestell-Nr. 0969-3

Nicht Einverleibung in die Gegenwart, sondern Bewußtmachen des Gegenwärtigen in den Werken der Klassik ist das Ziel dieses neuen Werkes von Edgar Neis.

Aus dem Inhalt:
- Verdeutlichung der gesellschaftlichen und geschichtlichen Bedingtheit der klassischen Werke.
- sachliche Darstellung der jeweiligen Epoche
- Betrachtung der Bedingungen und Umstände der Entstehung
- Einordnung in den Lebenslauf des Dichters

Folgende Werke werden ausführlich behandelt:
- Goethe, Faust II / Torquato Tasso / Die Leiden des jungen Werther
- Kleist, Michael Kohlhaas / Der zerborchene Krug / Prinz Friedrich von Homburg
- Lessing, Nathan der Weise
- Schiller, Die Räuber / Wilhelm Tell / Der Verbrecher aus verlorener Ehre

Latein

Bestell-nummern

Latein-Gerüst
von Prof. Dr. o. Woyte

Der gesamte Stoff bis zur Sekundarstufe II (Kollegstufe) in übersichtlicher Anordnung und leichtverständlicher Darstellung mit Übungstexten, Übungsaufgaben und Schlüssel.
Der Autor hat aus seiner Praxis als Oberstudiendirektor die Schwierigkeiten der lateinischen Sprache für den häuslichen Übungsbereich aufbereitet und leicht faßbar erläutert. Lernanweisungen sollen das Einprägen erleichtern.
Die vier Bände ersparen den Lernenden die Nachhilfestunden und bieten ein unentbehrliches Übungs- und Nachschlagewerk bis zur Reifeprüfung.

0552-5	**Teil 1**	**Formenlehre**
0553-3	**Teil 2**	**Übungsaufgaben und Schlüssel zur Formenlehre**
0554-1	**Teil 3**	**Satzlehre**
0555-x	**Teil 4**	**Übungsaufgaben und Schlüssel zur Satzlehre**

0500-2 **Die Stammformen und Bedeutungen der lateinischen unregelmäßigen Verben**
von Reinhold Anton 5. Auflage

Eine Anleitung für die Konjugation von 1600 einfachen und zusammengesetzten unregelmäßigen Verben unter Ausschluß der etwa 1000 regelmäßigen Verben der a- und i-Konjugation in alphabetischer Reihenfolge.
Wer dieses Buch benutzt, macht keinen Konjugationsfehler mehr!

Latein 1
von Dr. Friedrich Nikol
Übungen mit Lösungen für das erste Lateinjahr in zwei Bänden.

0634-3 **Band 1/ Erstes Halbjahr** mit Lösungsteil
0635-1 **Band 2/ Zweites Halbjahr** mit Lösungsteil
In beiden Bänden wird der gesamte Stoff des ersten Lateinjahres behandelt!

0638-6 **Latein 2**
Zweites Lateinjahr mit Lösungen
Der lateinische Wortschatz ist in den Büchern genau angegeben und den versch. lateinischen Unterrichtswerken angepaßt, die in den einzelnen Bundesländern zugelassen und eingefürt sind.
Bei gründlicher häuslicher Nachhilfe mit den Büchern, wird der Übende immer mehr Freude an Latein bekommen, und bald wird sich auch der Erfolg bei den Leistungen in der Schule zeigen!

Bitte geben Sie bei Ihren Bestellungen immer die Bestellnummer an!!

Suchen Sie wortgetreue Übersetzungen und Präpositionen zu Ihren Schullektüren römischer und griechischer Klassiker?
Sie finden in der kleinen Übersetzungsbibliothek in 500 Bänden im Kleinformat folgende wörtliche deutsche Übersetzungen:
Einfachband DM 2,50 **Doppelband DM 5,00**

Arrian, Anabis
Caesar, Bürgerkrieg. Buch I,II,III
Caesar, Gallischer Krieg. Buch I-VIII
Catull, Lieder (Auswahl)
Cicero, Briefe
Cicero, Archias
Cicero, Brutus (de claris oratoribus)
Cicero, Die drei Bücher von den Pflichten
Cicero, Cato der Ältere (de senectute)
Cicero, Divinatio in Caecilium
Cicero, Lälius (de amicitia
Cicero, Pro lege Manila (de imperio Cn. Pompei)
Cicero, Pro Milone
Cicero, Reden gegen Catilina (1.-4. Rede)
Cicero, Rede für Dejotarius
Cicero, Rede für Qu. Ligarius
Cicero, Rede für Marcellus
Cicero, Rede für Murena
Cicero, Rede für Cn. Plancius
Cicero, Rede für Sestius
Cicero, Rede für P. Sulla
Cicero, Reden gegen Verres (Buch IV-V)
Cicero, Vom Redner (de oratore)Buch 1-3
Cicero, Pro Roscio Amerino
Cicero, Vom Staate (de re publica). Buch I, II, VI
Cicero, Tusculanen
Cicero, Üb. das Wesen der Götter. Buch I, II, III
Curtius Rufus, Nachrichten über Alexander den Großen
Demosthenes, Rede üb. d. Chersones
Demosthenes, Rede v. Kranze (Krone)
Demosthenes, Phillipische Reden
Euripides, Iphigenie unter d. Tauriern
Euripides, Medea
Herodot, Historien. Buch I-IX
Homer, Illias. Buch I-XXIV
Homer, Odyssee. Buch I-XXIV
Horaz, Von der Dichtkunst (ars poetica)
Horaz, Epoden
Horaz, Oden (carmina)
Horaz, Satiren (sermones)
Livius, Römische Geschichte. Buch I-X. Buch XXI-XL
Lycurk, Rede gegen Leocrates
Lysias, Rede gegen Agorath
Lysias, Erathosthenes
Lysias, Rede g. Diogeition/ Getreideverkäufer/ Ölbaumstumpf
Lysias, Rede für Mantitheos/Bresthaften
Lysias, Rede üb d. Vermögen d. Aristophanes/geg. Theomnestos/geg. Pankleon
Nepos, Cornelius:Feldherren. Buch I-IV
Ovid, Fasten. Buch I-V
Ovid, Tristien. Buch I-V
Ovid, Metamorphosen. Buch I-XV
Phädrus, Äsopische Fabeln. Buch I-V
Plato, Apologie d. Sokrates
Plato, Eutyphron
Plato, Gastmahl
Plato, Gorgias
Plato, Kriton
Plato, Laches
Plato, Phädon
Plato, Phädrus
Plato, Protagoras
Plato, Der Staat (politeia). Buch I-X
Plautus, Die Gefangenen. Buch I u. II
Plutarch, Aristides
Plutarch, Perikles
Plutarch, Themistokles
Properz, Ausgew. Elegien
Sallust, 2 Briefe an Caesar
Sallust, Bellum Jugurthinum
Sallust, Verschwörung des Catalina
Sophokles, Ajax
Sophokles, Antigone
Sophokles, Elektra
Sophokles, König Oedipus
Sophokles, Oedipus auf Kolonos
Sophokles, Philoktetes
Sophokles, Trachinierinnen
Tacitus, Annalen (ab excessu divi...)
Tacitus, Germania
Tacitus, Historien. Buch I-V
Tacitius, Agricola
Thukydides, Peloponnesischer Krieg
Vergil, Aeneis. Buch I-XII
Vergil, Idyllen
Xenophon, Anabasis. Buch I-VII
Xenophon, Cyropädie. Buch I-VIII
Xenophon, Hellenika. Buch I-VII
Xenophon, Memorab. Buch I-IV

Bitte beachten Sie, daß die Übersetzungen teilweise aus mehreren Bänden bestehen können!

Bitte bei Bestellungen genau Kapitel oder Bücher angeben. Fordern Sie das ausführliche Verzeichnis der "Kleinen Übersetzungsbibliothek" an!!
C. BANGE VERLAG - MARIENPLATZ 12 - 8607 HOLLFELD - TEL.: 09274 / 372 -
Fax: 09274/ 80 230